82 Questions sur la Décroissance

****

Exercice d'auto pensée critique

Christian Laurut

www.christian.laurut.com

Dépôt légal : septembre 2024

du même auteur :

L'imposture écologiste

Vers une société de l'après croissance

L'impasse de la croissance

De la démocratie directe au pouvoir citoyen

Ce qu'il va se passer jusqu'en 2100

Individu, Etat et Liberté

Préambule : pour une anthropologie de la décroissance

Si nous avons coutume de placer l'anthropologie à l'intersection entre les différentes sciences étudiant l'être humain sous tous ses aspects, à la fois physiques et culturels et si nous considérons que l'anthropologie est dédiée à l'étude détaillée voire exhaustive du genre homo en s'attachant à décrire, répertorier et analyser les faits caractéristiques de l'hominisation et de l'humanité, le fait de proposer une telle démarche à propos d'un sujet économique peut paraître quelque peu hétérodoxe.

Et pourtant, je vais me référer à deux grands penseurs de notre époque pour tenter de justifier une approche *anthropologique* de la décroissance. Il s'agit de Claude Levi Strauss et Nicholas Georgescu Roegen, qui, a priori, ne semblent pas avoir grand'chose en commun, le premier, ethnographe et anthropologue bien connu, étant l'un des fondateurs du structuralisme, et le second, mathématicien-économiste moins connu, étant le fondateur de la science bio-économique, ainsi qu'accessoirement le père de la décroissance, ... nous y reviendrons.

Ce qui me paraît rapprocher Levi Strauss et Roegen dans le cadre de notre propos c'est que tous les deux fondent en grande partie leurs analyses sur l'importance fondamentale des *mythes* dans le comportement humain.

Pour Lévi Straus, les êtres humains ne sont pas autonomes mais *agis* par des mythes ou, plus exactement, leurs comportements mentaux sont conditionnés par un assemblage d'unités de bases structurantes, les *mythèmes*, à l'instar de leur langage qui, lui, est structuré autour d'autres unités de bases, les phonèmes.

Pour Roegen, l'économie de la croissance n'est pas une opération technique étrangère au monde vivant, un simple input/output de matière à l'intérieur d'une machine technologique, mais bien une activité dépendante et impactant la biologie en général, d'où l'émergence de son concept de bio-économie. Or Roegen, comme Levi Strauss, considère lui aussi, que l'homme est *agi par des mythes*, mais cette fois dans le cadre de la mise en œuvre de son activité économique, idée qu'il abondamment détaillée et explicitée dans son ouvrage : *Energy and economic Myths*, *Les mythes économiques et énergétiques*.

Vu sous cet angle, la croissance apparaît dès lors constitutive du comportement de l'homme moderne, régissant aussi bien ses aspects biologiques, que physiologiques, évolutifs, sociaux, religieux, psychologiques, géographiques, et , donc à ce titre, peut et doit être étudiée d'un point de vue anthropologique. Mais il apparaît également que la *décroissance*, en tant que phénomène à venir, joue un rôle identique puisque les deux notions, croissance et décroissance, ne sont finalement que les deux versants d'une même montagne, d'un même plissement humain fondamentalement dépendant de la géologie.

Ceci étant précisé, l'éclairage anthropologique nous amène à constater qu'il existe assez peu de différence entre la structure de pensée de l'*indien Bororo* du Mato Grosso, étudié par Levi Strauss en 1932 et celle de l'*homo oeconomicus* (ou *homo industrialis*), étudié par Roegen plus récemment, dans la mesure où ils sont, l'un comme l'autre, conditionnés mentalement par des mythes finalement assez peu dissemblables sur le fond.

Car, quelle que soit l'époque, le mythe reste une construction imaginaire qui prendra alternativement la forme d'un récit, d'une épopée, d'une représentation ou d'une idée se voulant explicative de phénomènes cosmiques, humains ou économiques, mais surtout et toujours fondatrice d'une pratique sociale basée sur des valeurs fondamentales et structrantes pour la cohésion du groupe.

Par le mythe, les sociétés sacralisent tout de qui leur paraît essentiel et cette relation permanente du mythe avec le sacré a été soulignée par tous les anthropologues. Nous verrons comment ce phénomène peut se traduire à travers les mythes modernes, comme celui de la croissance, ou, de la décroissance.

Causerie en 82 questions

1. **Question** : La décroissance est à la mode. En cette période de soi-disant crise économique qui n'en finit pas de durer, la croissance est pourtant annoncée comme seul remède efficace pour la juguler. A titre personnel, êtes-vous croissant ou décroissant ?

Réponse : À titre personnel je suis décroissant depuis pas mal d'années déjà, disons depuis l'âge de trente à trente cinq ans, puisque, selon les données biologiques, il est avéré que chaque être humain commence un déclin physique et intellectuel à partir de cette période. Je suis donc résolument décroissant, à mon corps défendant certes, mais néanmoins dans le cadre d'une réalité qui s'impose à tous.

2. **Question** : Lorsqu'on cherche la définition du mot décroissance dans la plupart des dictionnaires, on obtient « état de ce qui diminue, de ce qui décline ». En fouillant un peu dans les nouvelles moutures du Larousse et du Robert qui prennent en compte les évolutions du sens des mots par l'esprit commun du moment, on trouve quelque chose comme ceci : *slogan mettant en cause l'économisme et stigmatisant les dégâts sociaux et culturels du dogme de la croissance*. Que faut-il donc comprendre quand on entend parler de *décroissance* ?

Réponse : C'est précisément le problème qui est posé, à savoir celui de l'utilisation du mot *décroissance* par différentes personnes ayant des visions sensiblement divergentes. Je pense qu'il faut se référer à ce que vous avez indiqué en premier lieu, c'est à dire la définition du dictionnaire. Celui-ci dit que la décroissance, c'est la situation de quelque chose qui diminue, le terme *décroissance* ayant pour synonyme : déclin, diminution. Et donc, les acceptions qui ont été imposées ou suggérées par un certain nombre de mouvances politiques sont des acceptions qui ne sont pas conformes à la définition initiale du mot. La *décroissance* n'est pas une idéologie ni une option philosophique, c'est, bien au contraire, la réalité physique constatée d'un système qui décroît.

3. **Question** : À votre avis, comment les gens se positionnent-ils par rapport au concept de *décroissance* ? Si vous deviez dresser une carte idéologique de la décroissance, quels en seraient ses grands contours ?

Réponse : Par rapport à une situation putative de déclin de l'activité économique, donc de décroissance, l'opinion publique se positionne de façon divergente, voire passionnée. Je distingue six grandes catégories :

La première catégorie, de loin la plus nombreuse, est celle des *croyants adorateurs de la croissance*. Cette appellation peut surprendre, mais nous savons que l'utilisation d'un antonyme est parfois nécessaire pour définir plus précisément un terme donné. En effet, lorsque nous posons la question : « *comment vous positionnez-vous par rapport à la décroissance ?* », la personne interrogée devra obligatoirement passer par une première étape réflexive pendant laquelle elle se demandera : « *comment me positionne-je par rapport à la croissance ?* ». Cette catégorisation préliminaire est donc indispensable pour pouvoir cerner très précisément la problématique qui nous est posée. Par ailleurs et dans ce cas d'espèce, l'association des deux notions de *croyance* et d'*adoration* ne laisse rien à la redondance car elle permet d'affecter au terme croyance une dimension religieuse qui ne serait pas forcément présente au sein d'un contingent de personnes défini comme exclusivement croyant en la décroissance, au sens d'une conviction scientifique notamment. Nous verrons par la suite que cette distinction présente un caractère fondamental dans le cadre de notre classification. Cette première catégorie de personnes religieusement croyante en la croissance représente l'immense majorité de la population (environ 80%) et ignore superbement l'*idée-même* de la décroissance.

Il y ensuite les *agnostiques inquiets,* sachant que l'agnostique est une personne qui ne croit pas à ce que croit le croyant religieux, mais qui n'est pas pour autant convaincu que le croyant religieux se trompe en croyant à ce qu'il croit. Ainsi, l'agnostique considère qu'il n'existe pas assez de preuves avérées pour aller dans le sens de la croyance religieuse ni pour aller dans le sens de la réfutation. En conséquence, l'agnostique attend d'avoir des éléments scientifiquement ou objectivement prouvés, ainsi que suffisamment de preuves factuelles, pour décider de croire ou de ne pas croire. Mais tous ces agnostiques sont néanmoins inquiets parce que la survenue putative de la décroissance, leur apparaît comme quelque chose de passablement néfaste. Ils sont donc dans une situation d'attente assez inconfortable. Jusqu'à la fin des années 2000, les *agnostiques inquiets* représentaient environ 10% de la population, recouvrant, grosso modo, l'ensemble disparate de la mouvance dite *écologiste*. Depuis 2010, toutefois, ce contingent a singulièrement diminué, l'*écologie politique* s'étant confiné à la seule défense de l'environnement - notamment à la lutte contre un putatif réchauffement climatique – en abandonnant la problématique entropique de la société thermo industrielle. Dès lors les écologistes politiques, devenus *écologistes de gouvernement* se sont reconvertis en ardent promoteurs du développement durable, c'est à dire d'un schéma de société alliant croissance économique et préservation de l'environnement, cette quadrature du cercle ayant pour effet de diluer leur inquiétude dans un bouillon de certitude optimiste et de réduire le 10% en probablement 5%.

Si nous additionnons 80 % plus 5 % nous obtenons 85%. Il ne reste donc plus qu'un reliquat de 15 % pour une segmentation du positionnement décroissant, que je subdiviserons en quatre catégories.

Une première subdivision, faisant office de troisième catégorie, réunit les *athées constructivistes*. Avec le terme d'athée, nous franchissons un pas significatif dans l'abaissement du niveau de conviction. Ces athées, en effet, sont des gens qui ne croient pas à la durabilité de la croissance, et, par voie de conséquence sont convaincus de l'installation d'une décroissance à plus ou moins long terme. Par ailleurs, ils sont *constructivistes* parce qu'en réponse à cette survenue qu'ils estiment quasiment inéluctable, ils commencent à imaginer les contours d'une organisation socio-économique qui pourrait l'accompagner.

Une quatrième catégorie, toujours à classer au sein des derniers 15 %, est composée des *athées transitionnistes*. Ce sont également des gens qui ne croient pas à la durabilité de la croissance et qui croient tout aussi fermement à la survenue de la décroissance, mais à la différence des constructivistes, ils s'adaptent par une transition au jour le jour, sans pour autant mettre en place, ou imaginer, un système politique global pour le court et le moyen terme.

Une cinquième catégorie qu'il convient de ranger encore dans les 15 %, regroupe les *objecteurs anticléricaux activistes*, plus communément connus sous le patronyme d'*objecteurs de croissance*. Ce sont des gens qui, avant tout, s'opposent volontairement à la perduration de la croissance. Leur différence sensible avec les athées vient du fait qu'ils ne sont pas forcément convaincus de la survenue inéluctable de la décroissance, et qu'ils se mobilisent donc pour mettre en œuvre des actions visant à enrayer le système croissanciste en cours. Nous sommes là dans un positionnement résolument activiste et, si nous reprenons la comparaison des croissancistes avec les religieux, nous pouvons tout aussi bien considérer les objecteurs de croissance comme des anticléricaux. Cette appellation d'objecteur de croissance évoque volontairement celle d'*objecteur de conscience*, désignant ceux qui s'opposaient à l'obligation du service militaire. Les *objecteurs de croissance* se proclament également *décroissants culturels*, pour bien pointer leur différence avec les *décroissants athées constructivistes* qui fondent leur conviction sur l'analyse bio-économique de Nicholas Georgescu Roegen, et l'application de la loi de l'entropie.

Enfin, il existe une sixième catégorie, plus récente : les effondristes, collapsologues, ou collapsologistes, dont le nom peut faire peur mais dont nous verrons que, dans l'ensemble, ils sont plutôt gentils, mis à part quelques uns plus méchants.

4. **Question** : En nous appuyant cette classification que vous proposez, étudions une par une ces différents catégories et commençons par les plus connus, à savoir les décroissants culturels, ou *objecteurs de croissance*. Ils fondent en grande partie leur doctrine sur l'idée que la croissance est néfaste pour la planète et qu'il faut donc la stopper. Que pensez-vous de ce postulat ?

Réponse : Les décroissants culturels sont en recherche permanente de multiples raisons de décroître. Ils établissent pour cela une sorte de catalogue, dont le *réchauffement climatique* vient en tête de liste. Tout d'abord il convient de rappeler, et cela est très important pour la rigueur du débat, qu'un réchauffement climatique putatif, de nature anthropique ou non, ne constituerait pas une menace pour la planète. Il y a une confusion, pernicieusement entretenue par certains, et qu'il faut définitivement lever, à savoir que la planète ne peut pas être mise en danger par l'action de l'homme, même dans le cas d'une modification considérable du climat provoquée par lui, idée est singulièrement présomptueuse, car nous savons que la planète sur laquelle nous vivons existe depuis 4,5 milliards d'années, qu'elle déjà a connu des périodes plus chaudes, et d'autres plus froides que la période actuelle, sans pour autant qu'elle ait été mise en danger de mort. La planète a également été entièrement recouverte par les glaces et a subi des impacts de météorites sans broncher d'un pouce. Quelle que soit l'évolution de son climat ou de son écosystème, la planète Terre ne courre aucun péril vital. Le problème posé n'est donc pas celui de la mise en danger de la planète, mais de celle de la vie de l'homme sur cette planète, et ce, en dépit des slogans faux et racoleurs destinés à émouvoir l'opinion publique avec un objectif souvent bassement mercantile. La seule vraie question est celle-ci : *est-ce qu'un réchauffement climatique mettrait en danger la vie de l'homme sur la planète* ? Cette question est loin d'être tranchée, malgré la forte publicité dont le GIEC fait aujourd'hui l'objet par l'intermédiaire des médias de l'oligarchie régnante. Il subsiste, en effet, quatre points d'interrogation principaux :

Le premier point est tout d'abord de savoir s'il y a une réalité du réchauffement. Sur ce point, des scientifiques opposés au GIEC prétendent qu'au contraire nous sommes depuis une quinzaine d'années sur un plateau de stabilité des températures, et que le réchauffement qui a été constaté – et qui n'est pas contestable – à partir du début du XXème siècle s'est stabilisé vers la fin du XXème siècle. Ce plateau n'est d'ailleurs pas contesté par le GIEC lui-même, mais ce dernier affirme dans le même temps que le cours du réchauffement va reprendre bientôt.

Le deuxième point est celui de l'origine anthropique ou pas de cette modification putative de la température. Le responsable clairement dénoncé par le GIEC est le gaz carbonique (CO_2), élément pourtant essentiel à la vie sur terre et au développement des végétaux, mais dont les émissions en trop grande quantité résultant de la combustion des hydrocarbures contribueraient à augmenter l'effet de serre et, par voie de conséquence, la température de l'atmosphère. Or de nombreuses études scientifiques contestent cette corrélation affirmée entre l'augmentation des émissions de CO_2 et l'élévation putative de la température sur terre. Il n'est donc pas prouvé de façon certaine que l'origine humaine soit déterminante dans ce réchauffement.

Le troisième point concerne les conséquences de ce réchauffement. *On* nous dit qu'une augmentation de la température de 3 ou 4 degrés d'ici à la fin du siècle, provoquerait des catastrophes insupportables pour la survie de l'humanité. Or, nous savons très bien que depuis que l'homme est sur la terre, c'est à dire depuis environ trois millions d'années, il y a eu une succession de périodes chaudes et de périodes froides. Malgré cela, la vie, l'écosystème et l'homme ont perduré. Bien plus, le réchauffement qui eut lieu pendant, la période dite de l'optimum médiéval, entre l'an 800 et l'an 1200, provoqua une fonte des glaces spectaculaire qui permit, notamment aux Vikings de coloniser le Groenland. Il engendra également une longue série d'étés secs et chauds, qui furent particulièrement favorables aux récoltes. Il importe effectivement de dire qu'une élévation de température de quelques degrés d'ici à la fin du siècle serait globalement favorable aux pays tempérés et froids. N'importe quel jardinier amateur ou maraîcher professionnel sait très qu'un climat plus doux va automatiquement augmenter la quantité de sa récolte. Donc, cette affirmation selon laquelle une augmentation de température serait forcément néfaste à l'*ensemble* de l'humanité, est une affirmation particulièrement contestable.

Le quatrième point concerne les objectifs inavoués du GIEC. En effet, et sans tomber dans la théorie du complot, il existe un faisceau d'indices laissant supposer que cet organisme fonctionne comme un lobby au service du capitalisme vert. Le GIEC a été créé par l'ONU, il émane donc de l'ensemble des gouvernements des pays de l'OCDE et ses premiers travaux ont été initiés sous la houlette de Ronald Reagan et de Margaret Thatcher, hérauts emblématiques du capitalisme pur et dur. A la lecture de son premier rapport en 1990, les deux chefs d'états ont immédiatement compris qu'il existait une formidable possibilité de gagner de l'argent en stigmatisant la production du gaz carbonique émis par la société thermo industrielle tout en promouvant un développement durable de cette dernière. C'est donc dans le cadre d'un système *gagnant-gagnant*, et pour le compte exclusif du capitalisme mondialisé, qu'ont été mis en place tous les systèmes industriels de décarbonisation, et la fameuse *bourse* d'échange de droits à produire du CO_2, dont Al Gore, le pape du capitalisme vert, fut l'un des initiateurs bien connu.

C'est ainsi que nous avons vu s'établir un système global dans lequel le grand capitalisme reconnaît et assume l'utilisation l'énergie fossile pour faire tourner la machine industrielle, mais s'exonère de tout reproche en respectant les préconisations supplétives d'un GIEC investi en tant qu'organisme angélique et désintéressé oeuvrant pour le bien de l'humanité toute entière. Ce montage médiatique habile, a permis ainsi au capitalisme de développer, parallèlement à son *département fossile*, un *département vert* avec la bénédiction béate du grand public. Cet ingénieux système permet de continuer à utiliser pleinement l'énergie fossile tout en mettant en place une nouvelle industrie singulièrement lucrative, *la décarbonisation*, qui n'aura même pas à se fatiguer pour aller chercher des clients sur le marché de la libre concurrence puisqu'elle pourra régner sans partage sur un *marché captif* et qu'elle sera financée par des taxes obligatoires prélevées sur les contribuables.

L'argument du réchauffement climatique est donc doublement contestable, tant sur le plan de sa réalité physique, que sur le plan de ses implications politiques, cette dernière évidence étant, de plus, difficilement acceptable de la part de militants qui se disent opposés au capitalisme. Plus grave encore, les thèses du GIEC tendent aujourd'hui à être rangées dans la même catégorie que les conclusions du procès de Nuremberg du point de vue de leur garantie de non-contestabilité, toute mise en doute étant susceptible de sanctions pénales similaires et par ailleurs réclamées par une bonne partie de la classe politique au titre d'une extension de la notion de crime négationniste. Il est regrettable que les objecteurs de croissance emboîtent le pas de cette tendance résolument favorable à la réduction de la liberté d'opinion.

5. **Question** : Les objecteurs de croissance prétendent également que la croissance génère une empreinte écologique insoutenable pour la planète. Qu'en pensez-vous ?

Réponse : La notion d'*empreinte écologique* est n'est pas facile à saisir pour le grand public. En bref, l'empreinte écologique c'est le nombre d'hectares nécessaires à un individu ressortissant d'une population donnée, dans un territoire donné, pour produire son mode de vie et pour assimiler les déchets produits par ledit mode de vie. Ainsi, on va calculer combien un américain utilise d'hectares, combien un russe utilise d'hectares, combien un indien utilise d'hectares que l'on va appeler *hectares globaux*. Ce calcul fera alors apparaître des disparités assez importantes puisqu'il s'avèrera que l'américain moyen produit une empreinte écologique dix fois supérieure à celle de l'indien moyen, ce qui revient à dire que l'américain utilise, pour assouvir son mode de vie, dix fois plus d'hectares globaux théoriques que l'indien n'en utilise. Ces hectares sont composés de terres cultivables, mais également de terres recelant des ressources fossiles et minérales.

Cet énoncé nous amène à l'allégorie saisissante et couramment diffusée que, si tout le monde vivait comme nous, c'est-à-dire les pays riches, il faudrait six ou sept planètes ! On peut également considérer que ce type de calcul est un indicateur de la limite biologique à notre croissance économique. De ce point de vue, je suis tout à fait en accord avec ce constat du dépassement de la capacité écologique (la bio-capacité) par le mode de fonctionnement de la société industrielle. Toute la question est de savoir si l'Homme, au niveau d'une gouvernance globalisée, peut (ou veut) changer ce mode de vie énergivore, pour ce qui concerne les pays développés, et s'il peut (ou veut) renoncer à espérer l'atteindre, pour ce qui concerne les pays émergents.

Mais le véritable problème concret posé par l'empreinte écologique, c'est que notre mode vie crée une dette vis-à-vis des générations futures. Tout ce que nous consommons aujourd'hui en terme de ressources non renouvelables, c'est bien entendu autant de ressources qui ne seront pas disponibles pour les générations futures. À mon sens le vrai problème se situe ici. C'est véritablement cette prise de conscience qui pourrait déclencher, au niveau de toutes les populations du monde, une décision volontaire d'arrêter d'aller vers la croissance. C'est l'idée qu'en faisant cela nous conserverions *suffisamment* de ressources non renouvelables pour les générations qui viennent.

Mais, vu ainsi, la question reste néanmoins posée de savoir ce que signifie exactement l'adverbe quantitatif *suffisamment*, et notamment son extension temporelle *suffisamment pour combien de temps*. C'est une problématique qui est loin d'être simple, et qui, me semble-t-il, dépasse de beaucoup de mouvances actuellement intéressées par cette question. De plus, il n'est pas sûr du tout que, posé de cette façon, le problème débouche sur une solution qui fasse l'unanimité.

6. **Question** : La démographie entre-t-elle en ligne de compte dans le calcul de l'empreinte écologique ?

Réponse : Bien sûr que oui, et de façon déterminante ! Elle entre en ligne de compte dans la mesure où, s'il y a moins d'individus sur le territoire considéré, nous allons obtenir, par l'application d'une simple règle arithmétique, une empreinte écologique plus basse. Donc, une *diminution de la démographie fait diminuer l'empreinte écologique*.

Or, très bizarrement – mais nous allons voir plus loin qu'en fait il y a une explication à cette bizarrerie – les objecteurs de croissance ne s'opposent pas à l'accroissement de la population mondiale. Ils sont même partisans d'un maintien de la situation, c'est à dire du taux de natalité actuel, dans les pays développés aussi bien que dans les pays en voie de développement. Ils se basent sur un certain nombre d'éléments dont notamment une déclaration de Jean Ziegler, qui, à mon sens, a été extraite de son contexte. Jean Ziegler, intervenant dans le cadre du mouvement contre la faim dans le monde, avait un jour déclaré : *Il y a assez de nourriture aujourd'hui pour nourrir tout le monde sur cette terre !* , l'idée simple sous-tendant cette affirmation étant qu'il suffit d'aller chercher la nourriture là où il y en a, pour l'amener tout simplement là où il n'y en a pas.

Ce raisonnement procède d'un calcul très théorique. En effet, cela revient à évaluer la quantité de nourriture globalement produite dans le monde, puis la multiplier par un nombre moyen de calories au kilo, ensuite évaluer le nombre de calories nécessaires à chaque individu pour ne pas mourir de faim (soit environ 2.200 calories par jour) et, enfin, diviser le premier chiffre par le nombre d'habitants de la planète, pour, au bout du compte, obtenir un résultat supérieur à 2.200 …… et en conclure que c'est possible ! Il est bien évident que cette arithmétique sommaire ignore un nombre considérable de paramètres et de variables aléatoires, et je ne suis pas certain que, quand Ziegler a prononcé cette phrase, il sous-entendait qu'on pouvait continuer à enfanter sans limitation sur la Terre en application de cette équation rudimentaire.

7. **Question :** Les objecteurs de croissance prétendent que la généralisation de l'agriculture biologique fera

décroître l'empreinte écologique ? Qu'en pensez-vous ?

Réponse : Les objecteurs de croissance ont une vision idyllique et, au final, erronée de de la future agriculture. Cette future agriculture est logiquement celle qui va prendre la suite de l'agriculture industrielle lorsque les ressources pétrolières auront décliné. Or, nous savons qu'aujourd'hui l'agriculture est dépendante à 100 % du pétrole. Cette agriculture post-fossile sera donc inéluctablement biologique, c'est à dire tout simplement une agriculture comme autrefois, comme avant le pétrole, et soumise à des rendements plus faibles que ceux de l'agriculture industrielle, et qui ne suffiront pas à la sustentation de dix milliards d'humains.

Or les objecteurs de croissance sont persuadés que, bien au contraire, avec des techniques d'agriculture soi disant *nouvelles*, dont notamment la permaculture ou l'agroforesterie très en vogue actuellement, nous allons pouvoir augmenter la productivité à l'hectare d'une agriculture privée d'hydrocarbures et de traction mécanique. Ces délires de *bobos urbains* ignorant tout de la réalité agricole et ayant perdu tout lien avec le monde rural sont consternants. Contrairement à ce que pensent ces doux rêveurs, les façons culturales qu'ils évoquent n'ont rien de nouveau, ni de révolutionnaire. Ce sont tout simplement des façons de faire l'agriculture d'avant le pétrole, renommées plus efficacement d'un point de vue écolomarketing et vendues à des sommes plus que rondelettes sous forme de stages ou de formations sui generis.

Ces rêves bio-productivistes prétendent s'appuyer sur des micro-expériences ici ou là, dans ce qu'ils dénomment *alternatives concrètes*. Un des exemples emblématiques est celui de la *Ferme du Bec Hellouin* dont la rentabilité est plus assurée par la vente de ses produits de formation (1.400 euros /5 jours) que par ceux de son jardin maraîcher, mais à partir duquel sont échafaudées des extrapolations mirobolantes dignes de Jean de Florette. Et c'est, malheureusement, sur cette illusion que les objecteurs de croissance fondent leur confiance dans la capacité de la future agriculture à nourrir une population pléthorique tout en abaissant l'empreinte écologique globale de la planète.

8. **Question :** Les objecteurs de croissance parlent également d'une *frugalité heureuse* comme base d'un mode vie idéal et souhaitable. Partagez vous ce point de vue ?

Réponse : Je partage ce point de vue, oui et non. On peut effectivement décider librement de ne pas entrer à fond dans la société de consommation, de freiner sa consommation, de vivre d'une façon sobre et frugale, et d'y trouver du plaisir. Cela ne pose pas de problème, et c'est même éminemment respectable, dans le cadre d'une démarche individuelle. Mais, à partir du moment où on en fait une doctrine qui ressemble à un *éloge de la pauvreté* - comme le fait par exemple Paul Ariès - je trouve qu'il y a là quelque chose d'extrêmement choquant, tout simplement parce les gens qui vivent dans les pays pauvres sont, eux, demandeurs de croissance et sont largement preneurs d'une élévation de leur niveau de vie. Les objecteurs de croissance, enfants privilégiés des pays riches, parlent beaucoup de la pauvreté, ils organisent même des forums sur ce thème, et nous assistons petit à petit à la construction d'une idéologie qui présente la pauvreté comme étant porteuse de vertu. Cet éloge qui commence à se répandre dans certains milieux des pays riches a quelque chose de paradoxal, parce qu'il cohabite avec une aspiration confirmée à l'enrichissement en provenance du tiers monde et des pays émergents, qui représentent, ne l'oublions pas, l'immense majorité numérique de la population mondiale.

9. **Question** : La notion de partage est également très présente dans leur discours. Paul Ariès aime à répéter qu'il voit l'avènement de la décroissance comme le remplacement du temps des *exploiteurs* par le temps des *partageurs*. Etes-vous pour ou contre le partage des richesses ?

Réponse : La notion de partage des richesses est une notion qui constitue l'un des fondements du clivage droite/gauche. Lorsqu'on demande aux gens de gauche ce qui distingue la gauche de la droite, la plupart du temps ils mettent en avant cette notion de partage, la gauche apparaissant comme une option politique prônant le partage des richesses, la droite apparaissant comme réticente à ce partage. Dans la réalité, le partage des richesses pose, à mon sens, deux problèmes.

Un problème technique, tout d'abord. C'est-à-dire *comment* allons-nous partager les richesses ? Les *objecteurs de croissance* parlent du partage des richesses d'une façon extrêmement théorique, voire d'une façon religieuse, un peu comme un curé lorsqu'il fait un prêche, mais ils ne proposent pas d'option concrète, ni d'illustration de la façon dont ils envisagent ce partage. De plus, outre le problème du partage des richesses à l'intérieur de nos pays développés, il y aussi, d'un autre côté, le problème du partage entre les pays riches et les pays pauvres, résumé dans la problématique dite *Nord-Sud*. Or, pour réaliser cet échange nord-sud, nous avons besoin d'utiliser les outils de la civilisation industrielle, dont notamment les transports. Nous avons également à prendre en compte les problèmes de péremption des produits alimentaires. Il y a un aspect technique très important dans la problématique du partage des richesses qui nécessite d'être étudié en détail, mais qui est largement ignoré par les objecteurs de croissance.

Le deuxième problème est : *pourquoi* partager les richesses ? Bien sûr, une réponse vient immédiatement à l'esprit : tout simplement parce qu'il y a des pauvres et des riches, c'est à dire des gens qui ont plus et des gens qui ont moins, et qu'il est juste que les gens qui ont plus, donnent à ceux qui ont moins. C'est une façon de voir les choses qui, à mon sens, ne considère que le résultat d'une situation donnée et qui, en fait, s'attaque au symptôme en délaissant la cause.

Voyons de plus près le dispositif actuellement en vigueur en France pour effectuer le partage des richesses. Ce dispositif a un nom : *l'impôt*. L'impôt, en effet, est validé par le peuple parce qu'il est censé poursuivre deux objectifs hautement louables : un premier *objectif opérationnel* qui est le financement des services publics et des fonctions régaliennes de l'État (police, justice, armée, etc.), et un deuxième *objectif social* qui est précisément la répartition des richesses en prenant de force à ceux qui ont beaucoup afin de donner un peu plus à ceux qui ont moins. Notre société capitaliste croissante, n'hésite donc pas à annoncer fièrement qu'elle *partage les richesses* et à apposer sur l'impôt une *étiquette vertueuse* unanimement admise. De fait, les *objecteurs de croissance,* qui ne font que réclamer un accroissement de cette fonction redistributive de l'impôt, ne se rendent pas compte qu'ils valident, par-là même, le capitalisme et son (soi-disant) outil spécifique de partage.

À l'inverse les libéraux, eux, prétendent que s'il n'y avait pas d'État, le partage des richesses s'effectuerait par le jeu de la *solidarité naturelle* qui s'établit automatiquement entre tous les hommes lorsqu'ils sont livrés à eux-mêmes. Quand ils sont questionnés sur ce thème, ils prennent souvent pour exemple les débuts des pays neufs, comme les Etats-Unis, où, avant que l'état fédéral ne se mette en place, il existait une prise en charge spontanée des nécessiteux par la société civile. Ainsi, ceux qui ne s'en sortaient pas et qui n'arrivaient pas à s'enrichir par le jeu de la libre entreprise étaient soutenus par des ligues de charité ou de lutte contre la pauvreté. Historiquement ces faits sont incontestables, et la société libérale dans les débuts du *laisser-faire* et *laisser-passer*, a effectivement montré qu'elle était en capacité d'assister les pauvres de façon spontanée et caritative. Compte tenu ce fait avéré, il est faux d'affirmer que la notion de partage des richesses est un monopole de la gauche, cette notion est, bien au contraire, présente dans tout l'éventail de l'échiquier politique. Le problème est de savoir s'il faut que ce partage des richesses soit établi de façon législative et coercitive par l'État, ou s'il faut s'en remettre à l'âme humaine et confier cette répartition à la solidarité communautaire.

Je pense personnellement que ce problème est mal traité chaque fois qu'on cherche à mettre en place une institution pour le pallier. Ne serait-il pas plus efficace de travailler, en amont, à instaurer une réelle *égalité des chances* ? La différence de richesse entre les individus vient, si on veut simplifier, de deux sources.

La première source réside dans la différence des revenus générés par l'activité de la personne pendant toute la durée de sa vie. En effet, telle activité peut être plus intense que telle autre, plus performante ou plus aventuriste (au sens du niveau de la prise de risques) et va pouvoir générer un revenu plus important que l'autre. Il n'y a pas là, à mon sens, de scandale particulier.

La deuxième source par contre, est beaucoup moins juste et beaucoup plus scandaleuse. Je veux parler de la différence des patrimoines et de l'accès à la monnaie. Si l'inégalité de revenus entre deux personnes est liée uniquement à la capacité de travail, la capacité d'invention, la capacité de prendre des risques, je considère qu'il n'y a pas lieu d'obliger au partage. Celui qui choisit délibérément de moins travailler et d'avoir moins d'argent ne me paraît pas fondé à revendiquer le surplus de celui qui travaille et qui récolte plus d'argent. Par contre, lorsque cette différence de richesse est liée à un patrimoine venant de l'héritage, ou d'un accès privilégié à la création monétaire (c'est à dire au crédit), la situation me semble profondément inéquitable. Or, nous savons que le capitalisme est basé sur l'argent créé *ex nihilo* par le système bancaire, lui-même étant le monopole de la caste oligarchique régnante. C'est donc à partir de ces deux éléments générateurs : la différence d'obtention de patrimoine et la différence d'accès au système financier, qu'il convient, à mon sens, de mettre en place une lutte contre les inégalités de création des richesses et non par une redistribution étatique.

10. **Question :** Les relations Nord-Sud sont également très présentes dans l'argumentaire des décroissants culturels. La décroissance devrait, selon eux, faire cesser l'emprise coloniale des pays riches sur les pays pauvres et le pillage de leurs ressources. Voyez-vous un lien entre ces deux idées ?

Réponse : Non, personnellement je ne vois aucun lien entre ces deux idées. Bien au contraire, la décroissance, le déclin industriel des pays riches devrait rapprocher progressivement le niveau de vie des pays du nord du niveau de vie des pays du sud. Donc, il me semble que cet accent mis par les objecteurs de croissance sur la problématique nord-sud n'est pas très cohérent, même s'ils ont raison, de ce point de vue, de stigmatiser le fait que les pays membres de l'OCDE spolient les pays du sud et accaparent leurs richesses pour pouvoir se développer. Mais dans une situation de décroissance provoquée par la raréfaction de ces ressources à piller, il y a tout lieu de penser qu'un équilibre se rétablirait entre les niveaux de vie de ces deux parties du globe. Donc, personnellement, je ne vois pas quelles sont les raisons qui feraient qu'une une décroissance industrielle au nord pourrait favoriser l'aide aux pays du sud.

Il est certain, par contre, que si les ressources diminuent, les pays riches vont cesser leur prédation et que, de ce point de vue, leur décroissance, volontaire ou subie, amènera un bien pour les pays du sud. Mais cela ne réglera pas le problème d'accès à l'alimentation pour les pays qui sont aujourd'hui sous-alimentés. D'autre part, si nous considérons que le partage des richesses entre les pays du nord et les pays du sud concerne essentiellement le transfert alimentaire, une situation de décroissance des pays du nord rendra difficile ce transfert, tout simplement pour des raisons techniques liées à la décroissance des transports par exemple. Et comme il faut également considérer les problèmes de périssabilité de cette nourriture, je ne vois pas trop comment une décroissance au nord pourrait faciliter ce partage des richesses, richesses qui d'ailleurs, du fait du déclin généralisé, deviendraient moins importantes.

Par ailleurs, chacun sait bien que les habitants des pays du sud sont fortement demandeurs de croissance. Par conséquent, lier le partage des richesses du nord à une situation de décroissance qui générerait certainement une diminution de leurs richesses et capacités de transporter les excédents - qui n'existeraient d'ailleurs plus - vers des pays du sud, qui eux même resteraient demandeurs de croissance, génère un capharnaüm des idées qui me paraît particulièrement inextricable, et je trouve que les objecteurs de croissance sont en grande difficulté sur ce point de leur raisonnement.

Enfin, je terminerais en faisant remarquer que les *transferts de technologies* qui sont également cités comme éléments constitutifs de ce partage, pourraient bien changer de sens dans la mesure où les pays du nord auront certainement plus besoin d'aller récupérer des savoir-faire anciens auprès des pays du sud, que ces mêmes pays du sud n'auront besoin d'aller chercher une technologie moderne devenue désormais inutile, auprès des pays du Nord.

> 11. **Question :** Parallèlement à cette notion de partage, la notion de gratuité est également très présente chez les objecteurs de croissance. Etes-vous partisan ou opposé à la gratuité ?

Réponse : Tout d'abord je tiens à dire que la gratuité, de même que la problématique nord-sud dont nous venons de parler, n'a pas de lien, à mon sens, avec la décroissance. Si ce n'est, bien entendu, que celui de poursuivre un objectif de marketing politique, c'est à dire de *ratisser large* grâce à l'énoncé d'idées générales et bienveillantes.

La *gratuité*, qu'est-ce que c'est ? Comment pouvons-nous la définir du point de vue de la collectivité, c'est à dire finalement d'un point de vue politique ? Car il me semble que les objecteurs de croissance qui sont cités n'évoquent pas une gratuité individuelle, émanant d'un don de soi, de biens ou de services personnels à autrui, mais émanant plutôt de l'Etat en tant que pourvoyeur d'un ensemble de services publics gratuits le plus large possible. De ce point de vue, quelle est la situation actuelle ? Aujourd'hui, en France, nous avons bien des services publics, tels que la SNCF, la Poste ou les transports urbains, mais il s'avère que ces services publics sont payants et pas gratuits.

Je suis personnellement convaincu qu'une société de liberté, d'égalité et de solidarité, se doit de mettre en place des services publics en nombre beaucoup plus important qu'aujourd'hui sous forme de gratuité. Donc de ce point de vue, la lutte des objecteurs de croissance pour la gratuité me parait tout à fait intéressante et tout à fait justifiée, mais je cherche en vain le lien avec la décroissance, ou son élément facilitateur !... Pourquoi une société en décroissance serait-elle plus apte à créer de la gratuité qu'une société croissante? Je n'y vois pas de raison objective.

> 12. **Question :** Les objecteurs de croissance prônent l'établissement d'un *revenu minimum garanti* pour tous, reprenant ainsi une idée qui flotte dans l'air de presque tous les partis politiques ? Quelle est votre position sur ce sujet ?

Réponse : Tout d'abord, il s'agit de bien comprendre quel type de revenu de base proposent les objecteurs des croissance, parce que comme vous venez de le dire, le principe d'un revenu garanti est dans les cartons de presque tous les partis politiques et que, de ce fait, il ne faut pas confondre les propositions des uns avec celles des autres. Il y a des différences de vues, aussi bien au niveau du montant souhaité qu'au niveau des critères d'obtention de ce revenu.

Les objecteurs de croissance, de leur côté, proposent quelque chose de très précis, à savoir un revenu assez élevé, de l'ordre de 1.000 euros mensuel (voire plus), inconditionnel (c'est-à-dire non soumis à conditions de ressources), attribué de la naissance à la mort, et , enfin, non soumis à contrepartie en travail.

Je suis fermement opposé à ce type de revenu inconditionnel, parce que je considère qu'il a trois inconvénients majeurs. Premièrement il est *démobilisateur* des énergies laborieuses, deuxièmement il est consubstantiel à la durabilité du *capitalisme* – aussi étrange que ça puisse paraître, mais je vais m'en expliquer –, et, troisièmement, il favorise l'augmentation de la natalité, alors que j'ai déjà indiqué déjà tout à l'heure que la démographie était l'un des problèmes majeurs auxquels nous serons confrontés dans les années à venir.

Mais voyons ces trois critiques dans l'ordre. Le revenu inconditionnel est évidemment démobilisateur de l'énergie, de l'activité et de l'inventivité individuelle, puisqu'il rend loisible à tout individu de ne pas avoir d'activité économique dans le sens traditionnel, c'est-à-dire de se livrer à un acte d'échange moyennant rémunération de produit et de service qu'il aurait fabriqué, ou à l'élaboration duquel il aurait participé. Or, dans une situation de décroissance, c'est à dire d'une économie qui décline par la diminution progressive de l'offre en ressources naturelles, il est évident que nous aurons besoin d'une mobilisation sans précédent de tous les efforts individuels. Compte tenu de la nécessité objective de faire tourner le monde avec moins d'énergie et moins de matières premières, et du besoin probable d'opérer l'exhumation de multiples savoir-faire balayés par la technologie pétrolière, cet élément démobilisateur pour l'activité de production me paraît incompatible avec une gestion optimisée de la décroissance. Ceci est un premier point.

Ma *deuxième critique* pointe le manque de clairvoyance de l'analyse économique des objecteurs de croissance. Bien qu'ils s'affirment anticapitalistes et anti-productivistes, ils se font objectivement les alliés du capitalisme dans la mesure où ils comptent sur les marges et les bénéfices des entreprises du marché libéral pour fournir les sommes énormes nécessaires au financement de cette dotation inconditionnelle. Un rapide calcul fait apparaître le chiffre de 800 milliards annuels nécessaires, soit 1.000 euros par personne multiplié par 62 millions d'habitants et multiplié par 12 mois. Ce chiffre de 800 milliards qui est tranquillement annoncé par les objecteurs de croissance, c'est presque la moitié du PIB actuel et c'est à peu près l'équivalent de l'ensemble des prélèvements obligatoires. Donc, pour pouvoir financer ce *revenu inconditionnel* il est impératif d'avoir des entreprises qui réalisent de larges bénéfices, afin que l'Etat puisse effectuer une ponction fiscale de ce niveau. Il est évident que ce n'est pas dans une situation de décroissance et avec des entreprises qui fonctionnent en basse énergie que nous allons va pouvoir dégager ces sommes faramineuses. Seul un capitalisme croissant et florissant pourrait le permettre, ce qui est en totale contradiction avec les positions politiques des objecteurs de croissance.

Le *troisième reproche* que je fais à ce revenu inconditionnel, c'est qu'il est objectivement nataliste. En effet, donner un revenu à tout le monde, de la naissance à la mort, cela incite bien entendu chaque famille à avoir des enfants, puisqu'elle va pouvoir bénéficier de facto, à chaque naissance, d'un revenu supplémentaire. C'est une incitation financière à la natalité à peine déguisée. Or nous avons vu tout à l'heure qu'une augmentation démographique conjointe à une perspective de décroissance et, consubstantiellement, à une diminution des revenus agricoles, pose un problème crucial pour la survie alimentaire l'humanité. Toute politique qui pousse à la natalité est donc néfaste de ce point de vue.

Mais il y a un *quatrième élément* de critique que je voudrais ajouter. Il concerne le couplage mécanique annoncé de cette notion de revenu inconditionnel avec un dispositif de *revenu maximum autorisé*. Ce RMA, comme ils le nomment, procède de l'idée que l'Etat doit faire en sorte de *surveiller* que les revenus d'un individu ne dépassent un certain seuil et qu'il faut pour cela instaurer un dispositif fiscal coercitif supplétif destiné à prélever l'intégralité du dépassement éventuel. Le seuil généralement proposé est de quatre fois le SMIC. Pour simplifier, nous dirons qu'aucun individu, avec ce système, n'aurait le droit de gagner plus de 4.500 euros. Il s'agirait donc d'établir une législation fiscale encore plus rigoureuse que celle en vigueur aujourd'hui, ce qui représenterait un accroissement très fort de l'autoritarisme étatique. Au plan idéologique, il ne s'agirait ni plus ni moins que d'établir l'avènement de l'*impôt roi*, puisque l'impôt apparaîtrait, dans ce schéma, comme étant le *grand régulateur* de la justice sociale.

Néanmoins, il y a tout lieu de penser que ce dispositif, s'il était mis en place, n'arriverait pas à fonctionner, pour la simple et bonne raison qu'il souffre d'un grave vice de conception interne. Lequel ? Eh bien tout d'abord, nous devons constater que les gens qui ont conçu cette idée de revenu maximum et de prélèvement au-delà d'un certain niveau, sont des personnes qui n'ont pas l'expérience ni la pratique de l'entreprise et qui raisonnent d'une façon académique, universitaire et théorique.

En effet, s'il était confronté à un dispositif fiscal prélevant 100 % de ses revenus au-delà d'un certain seuil, tout chef d'entreprise ou travailleur indépendant (quelle que soit son volume d'activité) choisirait bien évidemment de limiter volontairement son chiffre d'affaires pour ne pas avoir à subir un prélèvement confiscatoire. Pour ce qui concerne les salariés, le raisonnement est identique. Aucun d'entre eux n'acceptera jamais de livrer un surcroît d'effort en échange d'un salaire net inchangé après soustraction des prélèvement obligatoires. Il y a donc fort à parier que ce dispositif de prélèvement fiscal soit inefficient, pour cette simple raison qu'il déclencherait automatiquement une réaction instinctive de *plafonnement volontaire* des revenus par les différents acteurs concernés, dans le but avoué d'éviter d'atteindre ce seuil et ainsi, ne pas avoir à perdre intégralement le fruit du différentiel de travail nécessaire à la génération du surplus ainsi confisqué.

Le déni de cette évidence est symptomatique de la part de gens qui n'ont aucune idée du mode de production réel des richesses et qui considèrent le revenu salarial, ou le budget étatique, comme autant de données acquises, naturelles et axiomatiques sur lesquelles il suffirait de légiférer pour que leur montant évolue. Cette source de financement imaginée par les objecteurs de croissance pour leur revenu inconditionnel est donc mécaniquement vouée à l'échec.

13. **Question :** Reprenant un slogan de Serge Latouche, les décroissants culturels, prétendent que *notre imaginaire est colonisé*, sous-entendu pour nous faire aller vers la croissance, et que nous devons, par

conséquent décoloniser notre imaginaire pour aller vers la décroissance. Ne trouvez-vous pas que c'est une *belle* formule pour définir un *beau* projet ?

Réponse : Oui, c'est une très belle formule ! Elle recueille d'ailleurs beaucoup de succès, et c'est dans l'ordre des choses. Je la trouve très suggestive, et, pour tout dire, je considère que c'est une vraie trouvaille ! Par contre son fondement, lui, est détestable…..

Il est détestable parce qu'il fait très peu de cas de la *liberté individuelle*, et surtout très peu de cas de la *responsabilité* de chacun. Il part du principe que l'individu moyen n'est pas assez intelligent pour voir ce qui se cache dans les coulisses de la civilisation industrielle. Serge Latouche, c'est vrai, a trouvé un joli slogan, mais il n'est pas le seul à avoir décrypté le rôle de la publicité, du crédit, et de l'obsolescence programmée dans le développement du consumérisme.

En réalité, l'individu de base n'est pas aussi idiot que Serge Latouche semble le penser, et sait déjà fort bien tout cela. Promouvoir un mouvement politique destiné à se lancer dans une croisade de décolonisation de l'imaginaire du français moyen, au prétexte que ce dernier ne serait pas assez intelligent pour comprendre que la publicité l'incite à acheter des biens superflus, pas assez intelligent pour comprendre que lorsqu'il fait un crédit au lieu d'acheter comptant il va engraisser les banques et payer des intérêts, et pas assez intelligent pour comprendre que lorsqu'il achète une paire de chaussures à vingt euros elle va durer moins longtemps que s'il achète une paire de chaussures à cent cinquante euros, c'est faire peu de cas des capacités de l'esprit des citoyens, et cela, personnellement, me choque beaucoup.

De fait, le *conditionnement*, qui est un mot un peu moins joli que *la colonisation de l'imaginaire*, et plus précisément le conditionnement des comportements consuméristes, c'est un secret de polichinelle. Car le consommateur est parfaitement conscient des contraintes qui l'entourent. Il faut avoir le courage d'affirmer que les gens savent ce qu'ils font, qu'ils sont suffisamment lucides, et que nous n'avons pas forcément besoin du professeur émérite *Serge Latouche*, pour nous révéler les recoins de leur subconscient. De plus, ce qui me choque encore plus dans cette idée de *croisade* pour décoloniser l'imaginaire, c'est cette conviction inébranlable de détenir la vérité sur les autres qui pourrait se traduire par cette maxime : « *pas de liberté de consommer pour ceux qui sont conditionnés !* ».

Les suites logiques de ce raisonnement se traduisent naturellement par des préconisations législatives et coercitives, telles l'interdiction de la publicité ou le contrôle technique de la production afin de vérifier la non obsolescence programmée des objets fabriqués. De la même façon que pour le RMA, les objecteurs de croissance réclament une intervention étatique encore plus importante que celle qui existe aujourd'hui.

Je note, toutefois, que rien n'est dit sur le *crédit*. Les deux premiers piliers de la colonisation de l'imaginaire latouchiens sont : la *publicité*, pour laquelle ils proposent d'interdiction pure et simple, et l'*obsolescence programmée*, pour laquelle ils proposent un contrôle de la fabrication à l'intérieur même des entreprises.

Reste le troisième pilier, le *crédit*, pour lequel ils ne nous proposent rien, alors que nous aurions pu nous attendre à quelque chose sur la *gratuité du crédit*, allant précisément dans le sens leur extension souhaitée de la gratuité en général. Cette question semble manifestement dépasser la capacité d'imagination des objecteurs de croissance, ce qui tendrait à prouver qu'ils ont du mal à aller au cœur des problèmes et à rechercher la *cause des causes*. Or, nous verrons un peu plus loin que les *athées constructivistes*, eux, n'hésitent pas, eux, à proposer cette gratuité du crédit. Cette idée n'est d'ailleurs pas nouvelle. Elle est née pendant la révolution de 1848, avec PJ. Proudhon qui a été le premier à vouloir légiférer sur ce thème. Plus anciennement encore, ce fut l'Église catholique et également l'Islam qui établirent l'interdiction de vendre de l'argent contre de l'argent, se situant ainsi dans la continuité de la théorie aristotélicienne de la chrématistique. Et j'observe tout simplement que les objecteurs de croissance sont totalement muets sur ce sujet d'importance. Il conviendrait que ce troisième pilier, qu'ils dénoncent pourtant fréquemment, fasse l'objet de propositions législatives aussi hardies que les autres, s'ils veulent être crédibles dans leur croisade contre la colonisation de l'imaginaire.

14. **Question :** Un autre argument mis en avant par les objecteurs de croissance est que le progrès technique, moteur de la croissance, aurait été imposé de force au peuple par le pouvoir capitaliste et que toute action en retour serait justifiée par la lutte contre cette coercition initiale. Que pensez-vous de cette affirmation ? Ne pourrait-elle pas servir de base idéologique à une dérive terroriste de l'objection de croissance ?

Réponse : Cette théorie, selon laquelle la croissance aurait été historiquement imposée de force par le pouvoir oligopolistique et continuerait à l'être aujourd'hui contre le désir profond des individus, est à la fois fallacieuse et dangereuse. Dangereuse parce que, comme vous le suggérez, elle pourrait conduire à valider des actions de nature terroriste, telles des destructions de machines ou d'engins de chantier en se fondant sur une vertu supposée de la lutte contre l'oppression. Nous avons malheureusement déjà observé quelques manifestations de cette dérive, notamment alimentés par la controverse sur le percement de nouvelles lignes de train à grande vitesse, avec l'attitude de certaines organisations incitant à s'attaquer aux engins de chantiers dans le but avoué de ralentir les travaux. Nous, athées constructivistes, sommes totalement opposés aux actions de ce type.

Mais, plus fondamentalement, nous considérons que cette théorie est fallacieuse. Certains de ses zélateurs, comme Paul Ariès notamment, se basent sur quelques épiphénomènes historiques comme, par exemple, la révolte des ouvriers luddites ou le principe du Saint Lundi pour promouvoir l'idée d'une résistance populaire au développement initial du progrès technique. Or que valent ces exemples exactement ? Les ouvriers luddites étaient des artisans tisserands anglais du début du XIXème siècle, à une époque où l'Angleterre commençait à entrer dans la civilisation industrielle et allait devenir la première puissance mondiale grâce à la mise en exploitation intensive du *charbon de terre*. Les premières manufactures industrialisées de fabrication de tissus entrèrent alors en concurrence avec les petits artisans traditionnels, dénommés *ouvriers luddites*, et ces derniers, en représailles face à la perte de clientèle qu'ils subissaient par la faute de ces nouvelles manufactures modernes, se livrèrent à des bris de machines en s'introduisant par effraction dans les usines concurrentes. De là à en déduire qu'ils s'opposaient au progrès, c'est largement faux ! Leur opposition était de nature purement commerciale et corporatiste. La concurrence qu'ils subissaient de la part d'artisans devenus plus gros qu'eux et donc pouvant produire à moindre coût, n'avait qu'un caractère de révolte catégorielle. L'innovation technique en tant que telle n'était pas vraiment mise en cause dans cette affaire et l'interprétation des objecteurs de croissance est donc manifestement instrumentalisée à la seule fin de justifier leur théorie. A contrario, nous savons bien que, dans tous les métiers et dans toutes les activités, chaque fois qu'une innovation technique est apparue – et notamment dans l'agriculture à chaque fois qu'une machine devenait plus puissante que l'animal, ou dans l'artisanat à chaque fois qu'un nouvel outil permettait d'économiser de l'effort physique - l'utilisateur professionnel n'a jamais hésité à l'adopter.

Le *Saint Lundi*, également, a été évoqué comme étant un argument à l'appui de cette théorie. Ce lundi particulier, qui était chômé par les artisans principalement pour aller s'enivrer dans les estaminets, a simplement disparu du fait que la société devenait un peu plus morale et a été remplacé dans le calendrier officiel par le repos dominical. Rien à voir, donc, avec le refus du progrès technique.

Ces deux exemples nous montrent que, même en cherchant bien, nous ne trouvons pas dans l'Histoire de preuves avérées que le citoyen ordinaire se soit systématiquement opposé aux innovations techniques à chaque fois qu'elle apparaissaient sur le marché, bien au contraire. Il convient donc d'affirmer, une bonne fois pour toutes, que la civilisation industrielle et le progrès technologique n'ont pas été imposés de force au peuple, mais qu'ils se sont imposés d'eux même grâce à leur pouvoir de séduction sur l'individu agissant. En résumé, nous pouvons être certains que les populations, à chaque étape de leur développement, ont bien adhéré de leur plein gré au progrès technique qui leur était proposé.

15. **Question :** Une critique, économique celle-ci, formulée par les objecteurs de croissance contre la société actuelle est celle de *productivisme*, sous-tendant la recherche permanente du profit maximum. Partagez-vous cette critique de la *notion de profit*, d'une part, et pensez-vous que le profit soit le principal moteur de la croissance, d'autre part ?

Réponse : Je ne partage pas du tout cette critique de la notion de profit. Le profit est le moteur de l'activité humaine, car il est la cheville ouvrière de l'économie. Dans tous les cas de figure d'activité économique, et même dans le cas de décroissance inéluctable liée à la déplétion des ressources énergétiques et minérales, nous aurons besoin de l'activateur de la recherche du profit. Je suis également persuadé que dans le cas d'une décroissance volontaire, qu'elle soit imposée par une coercition législative ou par une agrégation de volontés individuelles, nous assisterons tout aussi bien à des comportements recherchant le profit.

Les objecteurs de croissance, lorsqu'ils critiquent le profit, ciblent bien entendu l'organisation capitaliste et les superstructures oligarchiques, et, sur ce plan, nous pouvons être d'accord avec eux, mais lorsque, poursuivant leur raisonnement, ils en viennent à préconiser le remplacement des entreprises capitalistes par des coopératives, il est très aisé de leur répondre que, dans les coopératives qui fonctionnent déjà, ou dans les entreprises en autogestion, la recherche du profit est bien présente et n'a nullement disparue. Une coopérative va certes opérer une répartition de ce profit entre les différents acteurs de façon différente de celle d'une entreprise capitaliste, mais le moteur économique sera identique, c'est à dire le profit lui-même. Les objecteurs de croissance font preuve, en la matière, d'une singulière méconnaissance des mécanismes économiques fondamentaux. Ceci est largement compréhensible car la plupart d'entre eux sont des universitaires, des fonctionnaires ou des gens qui ne sont pas directement impliqués dans la production, ce qui explique qu'ils ne connaissent pas bien les rouages de l'entreprise, quelle que soit sa forme juridique ou son organisation sociale.

Ceci étant précisé, il ne faut pas confondre le *profit en tant que moyen* et le *profit en tant que fin*, confusion sciemment entretenue par les objecteurs de croissance pour les besoins de leur propagande dont l'objectif final est, ne l'oublions pas, l'assistanat généralisé de toute la population par l'intermédiaire d'une dotation financière inconditionnelle. Car en effet, si le profit en tant que moyen pour assurer sa subsistance est le moteur logique (donc vertueux) dans tout système économique, le profit illimité promu en tant que valeur sociale ultime, en revanche, doit être rejeté (comme non-vertueux) par l'organisation sociétale.

Toute la question est de savoir comment organiser la société - d'un point de vue politique - afin que le profit soit seulement un moyen de subsistance et ne devienne pas une mire sociale illimitée. Dans ce domaine, il convient naturellement d'envisager une modification radicale du système juridique complexe qui fonde ce qu'on dénomme le capitalisme et qui lui permet d'exister.

> 16. **Question :** Précisément, et en élargissant leur contestation de la société croissante, les objecteurs de croissance mettent directement en cause le capitalisme. Comment jugez-vous cette mise en cause ? Et pouvez-vous préciser votre position personnelle par rapport au capitalisme ?

Réponse : Avant de répondre à ces deux questions, il faut d'abord définir ce qu'on entend par *capitalisme*, et, également, ce qu'on entend par *libéralisme*, car il existe, dans l'esprit commun, une simplification réductionniste de ces deux termes qui est dommageable pour la bonne compréhension des mécanismes complexes qui les animent. Cette complexité débouche tout naturellement sur une confusion entre le libéralisme et le capitalisme, encore aggravée par l'apparition récente d'une terme nouveau : le *néo-libéralisme*.

D'un côté, il y a le capitalisme, et plus précisément le grand capitalisme, qui ne peut fonctionner que grâce à la législation *sui generis* lui permettant d'autofinancer ses activités par l'intermédiaire de la création monétaire virtuelle des banques privées. Ce mode de mise en œuvre de l'économie, rendu possible uniquement avec la complicité de l'Etat (d'où le terme de *capitalisme de connivence*) donne la primauté au capital sur le travail, le premier étant lui-même générateur de richesse alors que c'est le second uniquement qui devrait l'être, dans une économie saine. Ce grand capitalisme crée ainsi de fortes inégalités et doit être combattu, du simple point de vue de l'égalité sociale.

D'un autre côté, il y a le libéralisme, radicalement différent du grand capitalisme enfanté par le système juridique complexe. Le libéralisme, lui, n'a pas besoin de lois ni d'État, il fonctionne seul et de façon spontanée, simplement par la libre expression de l'initiative individuelle. Et ce libéralisme de *monsieur-tout-le-monde*, du petit artisan, du travailleur indépendant, est à mon sens le meilleur outil d'adaptation et de réaction face à la situation prochaine de raréfaction inéluctable des ressources énergétiques et minérales.

En fait, c'est le rôle de l'État lui-même qui doit être remis en question. Contester le capitalisme revient dès lors à contester l'État dans le cadre de son pouvoir économique, tout simplement parce que c'est l'État qui, lui seul, permet au capitalisme d'exister. En conséquence, redéfinir le rôle de l'État, c'est d'abord analyser comment celui-ci favorise les grandes entreprises au détriment des petites et de quelle façon il installe lui-même l'exploitation de l'homme par l'homme. Cette approche me paraît plus complète et plus logique, qu'une approche politicienne facile, basée sur des idées reçues et, pour tout dire démagogique, consistant à stigmatiser le capitalisme sans faire la différence entre le grand capitalisme et la petite entreprise individuelle, c'est à dire entre le *capitalisme* et le *libéralisme*.

Concernant maintenant le contenu et la sincérité de la *soi-disant critique* du capitalisme des objecteurs de croissance, je pense que nous aurons l'occasion d'en reparler et de montrer toute l'ambiguïté de leur pensée réelle sur le sujet.

> **17. Question :** Les objecteurs de croissance se font un point d'honneur politique à affirmer qu'ils appartiennent à la famille politique de la Gauche. Un de leurs livres collectifs cosigné notamment par Paul Ariès, Michel Lepesant, Serge Latouche, Jean Luc Pasquinet, etc…s'intitule même *Notre décroissance n'est pas de droite*. Pourquoi tant de haine pour la droite ?

Réponse : Tout d'abord, il faut dire que la croissance n'est pas de droite ni de gauche, et la décroissance non plus! Tous les gouvernements de gauche ont prôné la croissance, comme les gouvernements de droite, et donc de ce point de vue-là je ne pense pas qu'on puisse faire une différence sensible de positionnement. Mais les objecteurs de croissance sont littéralement obsédés par la possibilité qu'il puisse exister une *décroissance de droite*. Cette éventualité les horrifie car ils considèrent la décroissance comme étant leur propriété intellectuelle, génératrice de droits d'auteur chaque fois qu'elle est citée ou pouvant justifier une plainte en plagiat chaque fois qu'elle semble détournée par d'autres.

Mais pour que nous puissions un peu mieux comprendre leurs craintes, il faudrait tout d'abord qu'ils nous expliquent clairement ce qu'est cette fameuse *décroissance de droite*. En lisant attentivement leurs propos dans ce livre intitulé *Notre décroissance n'est pas de droite*, il apparaît que leur souci primordial est d'affirmer qu'ils sont bien *de gauche*, ce qui entraînerait de facto, pensent-ils, une adhésion de la gauche toute entière au concept qu'ils prétendent avoir créé. Cette assertion primordiale semble l'emporter sur l'effort d'une description détaillée de cette supposée *fausse décroissance* pouvant être qualifiée *de droite*. En fait, il ne s'agit là que d'une pure posture politicienne. J'ai lu attentivement ce livre, et je n'y ai pas trouvé d'alerte caractérisée contre des manifestations décroissantes de droite. J'y ai plutôt lu une répétition tautologique de l'éternelle affirmation que les objecteurs de croissance avaient bien une filiation génétique avec la gauche. D'ailleurs, nous constatons qu'après avoir signifié qu'ils étaient contempteurs de la politique politicienne, les objecteurs de croissance n'hésitent pas à donner des consignes claires de vote en faveur des partis ou candidats *de gauche* lors de chaque élection institutionnelle, dont notamment pour le Nouveau Front Populaire lors des élections législatives anticipées de 2024. C'est tout à fait légitime, mais force est de constater qu'ils s'inscrivent dans une démarche de marketing politique assez identique à celle des autres partis traditionnels.

18. **Question :** Mais précisément, comment se déroule le débat sur la décroissance entre les objecteurs de croissance et la droite ? Quels sont les arguments contradictoires avancés par les uns et par les autres ?

Réponse : Malheureusement, il n'y a pas de débat, et tout simplement parce que les objecteurs de croissance le refusent ! Depuis le début de années 2000, leurs principaux porte-paroles (que ce soit Vincent Liegey pour le PPLD / Parti Pour La Décroissance, ou Michel Lepesant pour le MOC /Mouvement des Objecteurs de Croissance), n'ont cessé de répéter : *On ne discute pas avec n'importe qui, et notamment pas avec le Front National.* Or ce parti (aujourd'hui Rassemblement National), avec lequel les objecteurs de croissance refusent de discuter, est devenu en 2024 le premier parti de France en nombre de voix. C'est une posture que nous sommes bien obligés de taxer de *sectarisme*, émanant typiquement de leur ancrage congénital *à gauche*.

Je vais prendre deux autres exemples. Le premier concerne un livre d'Alain de Benoist qui s'intitule *Demain la décroissance*, titre emprunté, il est vrai, à Nicholas Georgescu Roegen. Alain de Benoist a publié ce livre il y a quelques années, et Paul Ariès avait fait en son temps un papier incendiaire contre lui en le qualifiant de *littérature nauséabonde*. J'ai lu ce livre, et bien que n'ayant pas d'affinité particulière avec Alain de Benoist, j'ai été intéressé par son propos qui dresse une sorte de catalogue objectif des différents mouvements décroissants depuis 1968. L'auteur décrit les choses plus qu'il ne les commente, et je n'ai rien trouvé dans ce livre de particulièrement *nauséabond*. En réalité, Paul Ariès s'est livré à une violente charge contre cet ouvrage, non pas sur le fond puisqu'il n'en dit rien, mais simplement sur la personnalité de son auteur Alain de Benoist, considéré comme étant un philosophe d'extrême droite.

Voici le deuxième exemple : Vincent Cheynet, directeur du journal *La Décroissance*, y tient une rubrique intitulée *les éco-tartuffes*, dans laquelle il dresse le portrait d'une personnalité diffusant des idées écologistes, mais considérée (du point de vue de V. Cheynet), comme étant un imposteur ou hypocrite avéré dans ce domaine. Dans le cadre de cette rubrique, il a récemment commenté une interview vidéo que j'avais faite d'*Etienne Chouard*, en utilisant le prisme de d'éco-tartufferie cheynesienne. Mais le problème, superbement ignoré par V. Cheynet, c'est que Chouard n'est pas un écologiste, ne prétend même pas en être un et qu'il avait accepté *très sportivement*, si l'on peut dire, de répondre à des questions sur un sujet qui n'était pas son terrain de débat favori. Là encore, et comme dans l'exemple précédent, la charge de Vincent Cheynet portait *sur la personne* et pas *sur le contenu* dans la mesure où il était reproché essentiellement à Chouard d'avoir dit, dans une autre interview, qu'Alain Soral, polémiste étiqueté à droite, avait des idées qui pouvaient être intéressantes à manipuler dans un débat et qu'il ne refuserait pas de discuter avec lui. Eh bien, le fait même que Etienne Chouard dise qu'il n'était pas opposé à débattre avec Alain Soral, le discréditait complètement aux yeux d'un Vincent Cheynet !

En fait, toutes ces mesquineries n'ont d'intérêt à être citées que pour mettre en évidence l'*étroitesse d'esprit* de ces deux éminents représentants de l'objection de croissance en France. Ces différents exemples édifiants démontrent que les objecteurs de croissance sont enfermés dans un sectarisme intellectuel qui les condamne à ne pas débattre de leurs idées avec des gens qui y sont opposés. Ils en discutent donc entre eux, tiennent des réunions entre militants convaincus, et de ce fait, les conclusions qui en découlent sont toujours extrêmement consensuelles.

> 19. **Question :** En fin de compte, et à votre avis, pourquoi les objecteurs de croissance mettent-ils autant d'ardeur à vouloir aller vers la décroissance tout de suite, sans attendre qu'elle ne s'installe toute seule ?

Réponse : C'est assez intéressant comme question ! Je dirais, au risque de surprendre beaucoup, que c'est parce *qu'ils ne croient pas vraiment à la décroissance*. Le terme *décroissance* a été employé initialement pour faire référence aux travaux de Nicholas Georgescu-Roegen, qui fut le premier à avoir démontré l'impossibilité physique d'une croissance durable. Né à Constanza (Roumanie) en 1906 et décédé à Nashville (USA) en 1994, Roegen est un mathématicien et économiste hétérodoxe dont les travaux ont contribué à l'introduction dans l'économie du concept physique d'entropie et à l'élaboration d'une théorie de la bio-économie ouvrant un pont entre les sciences économiques et les sciences biologiques. À ce titre, il fait partie du courant évolutionniste des économistes, mais il lie aussi sciences économiques et sciences physiques (thermodynamique), ouvrant ainsi la voie à l'économie thermodynamique. Son ouvrage scientifique majeur est *The Entropy law and the Economic Process* (non traduit en français) paru en 1971 dans lequel il écrit notamment : *Le processus économique n'est qu'une extension de l'évolution biologique et, par conséquent, les problèmes les plus importants de l'économie doivent être envisagés sous cet angle*. Une compilation de ses chapitres principaux a été publiée en 1979 sous le titre *La Décroissance* et dans une traduction française. D'un abord un peu plus facile pour le lecteur non scientifique, cet ouvrage doit être conseillé à tous ceux qui, après avoir bien intégré l'inéluctabilité de la décroissance prochaine de notre civilisation industrielle, souhaitent élever leur réflexion et l'asseoir sur la base des lois physiques de notre chère terre nourricière.

Les travaux de Georgescu-Roegen montrent clairement qu'à partir du moment où l'homme a décidé de fonder son économie sur la prédation illimitée de la *dot terrestre* (c'est à dire les *ressources minérales et énergétiques non renouvelables*) il est inéluctablement conduit vers la décroissance car chaque utilisation des ces ressources génère une dissipation non récupérable. L'industrialisation nous fait alors passer d'un niveau de *basse entropie*, système stable à un niveau de *haute entropie*, système instable. Il y a donc chez Georgescu-Roegen, qui est, je le rappelle, l'initiateur du concept de décroissance depuis l'année 1978 – *n'en déplaise à Serge Latouche qui cherche à s'en attribuer la paternité !* – cette notion toujours présente de décroissance rendue inéluctable par l'application des lois physiques de la thermodynamique.

Eh bien, il semblerait que les décroissants objecteurs de croissance, qui parlent d'ailleurs très peu de Georgescu-Roegen (voire même pas du tout), ne croient pas vraiment au fond d'eux-mêmes à la réalité de cette décroissance, , bien qu'ils n'osent toutefois l'affirmer ouvertement. De ce point de vue – et là encore je vais surprendre !– ils sont assez proches des libéraux qui disent en substance : « *Nous avons confiance dans le capitalisme, de toutes façons, pour régler le problème de la disparition du pétrole, du gaz et du charbon ; le capitalisme, et nos scientifiques vont trouver quelque chose à la place, nous ne nous faisons pas de souci* ». Les objecteurs de croissance, eux, disent : « *Nous craignons que le capitalisme arrive à trouver des solutions à la décroissance entropique. Nous redoutons beaucoup cela, nous pensons que le capitalisme est extrêmement puissant, et nous en avons tellement peur que le meilleur moyen pour lui couper l'herbe sous le pied, c'est de décroître tout de suite. Et ce, finalement, parce que nous ne sommes pas sûr du tout que le capitalisme ne trouve pas le moyen de s'affranchir des principes physiques mis en évidence par Georgescu-Roegen* ».

Vous conviendrez qu'il n'y a pas grande différence, au niveau du fondement technique de l'analyse, entre ces deux approches. J'ai conscience que cette déduction est parfaitement iconoclaste mais je mets au défi tout objecteur de croissance de venir la contester. Et d'ailleurs je suis disposé à en débattre à tout moment.

Il y a un autre élément corollaire, mais déterminant, à ce que je viens de dire, c'est que, pour les objecteurs de croissance, le déclin entropique s'appelle *récession*. Pour eux, la situation d'une société soumise à une diminution de son carburant, c'est à dire du couple énergie/matière, et qui, de ce fait, amorce un déclin économique, s'appelle une récession et pas une décroissance. Ce distinguo sémantique revêt une importance capitale, au point que des consignes strictes sont données aux militants pour ne pas employer un mot plutôt qu'un autre. En effet, le mot *récession* est considéré comme étant de nature purement capitaliste et c'est l'une des raisons pour laquelle ils ne veulent pas entendre parler de décroissance inéluctable. Il s'agit tout simplement d'un raisonnement de pure politique politicienne plus que d'un raisonnement objectif et bio-économique. Il se situe aux antipodes de celui du père de la décroissance, Nicholas Georgescu Roegen.

20. **Question :** Mais quelle différence fondamentale les objecteurs de croissance font-ils entre *décroissance et récession* ?

Réponse : Comme je viens de le laisser entendre, pour les objecteurs de croissance, le mot *récession* est synonyme de *décroissance de droite*. Et il y a un débat très important sur la signification qu'il faut mettre derrière le mot *récession*, et sur celle qu'il faut mettre derrière le mot *décroissance*. Pourtant, Yves Cochet, éminent écologiste politique mais très proche des objecteurs de croissance, indique à plusieurs reprises dans différentes interventions vidéos que la décroissance est bien une récession économique. Mais rien n'y fait et, dans le cœur de la doctrine des objecteurs de croissance, la *récessio*n reste un sous-produit du capitalisme. Lors d'une interview vidéo, j'ai posé à Michel Lepesant, président du MOC (mouvements des objecteurs de croissance) la question suivante : « *Supposons que notre civilisation soit contrainte à la décroissance, au déclin industriel, tout simplement par le fait d'une diminution voire une pénurie de matières fossiles et minérales. Pensez-vous que, dans ce cas, cette décroissance serait une récession?* » Et la réponse de Michel Lepesant a été celle-ci : « *Ce serait une décroissance si nous nous l'approprions et que nous la vivions sereinement et joyeusement ; ce serait une récession si c'était le capitalisme qui nous l'imposait* ». Je trouve cette conception extrêmement paradoxale dans la mesure où une pénurie de matières fossiles et minérales est quelque chose qui s'impose à toute économie, qu'elle soit gérée de façon capitaliste, communiste, bureaucratique ou communautaire.

Quelle que soit la façon de conduire le processus industriel, si, un jour à venir, celui-ci ne dispose plus suffisamment de ressources fossiles et minérales, les gestionnaires en charge de l'économie seront bien *contraints* de faire sans et de produire moins. Le fait de savoir s'il faudra appeler cette situation *récession* ou *décroissance* sera alors de bien peu d'importance.

Nous assistons ainsi à ce pinaillage incessant entre récession et décroissance qui, en fait, sous-tend une vision extrêmement politique, à savoir que la récession ne serait qu'un sous-produit de la civilisation et de l'organisation capitaliste, alors que la décroissance serait une situation à créer et à imposer, qui plus est, dans la joie. Il ne me paraît pas inutile de rappeler, à ce propos, que le slogan du journal mensuel *La décroissance* est *Le journal de la joie de vivre*, une joie de vivre qui devrait s'installer en dépit du spectre de la pénurie fossile, et c'est ce qui fait, selon les objecteurs de croissance, la différence d'éthique entre la récession capitaliste et leur décroissance à eux.

Dans le même ordre d'idée que cette polémique sur récession/décroissance, il y a le fait que les objecteurs de croissance n'aiment pas parler du *pic pétrolier*. Ils ne le contestent pas mais ils considèrent que mettre en avant le fait que le pétrole va bientôt manquer, est un discours *catastrophiste* de nature à faire fuir les militants. Donc ils éludent ce thème ! Cet élément rejoint parfaitement leur conception de *la décroissance qui n'est pas la récessio*, ou encore de la décroissance joyeuse qui n'est pas la récession triste, de nature capitaliste et rendue inéluctable par la raréfaction des ressources naturelles.

> 21. **Question :** Pensez-vous, comme les objecteurs de croissance que si la décroissance ne survenait pas de façon inéluctable, il faudrait quand même décroître de façon volontaire, et pour quelles raisons ?

Réponse : Je n'en suis pas si sûr ! Pour moi il n'y a rien d'évident dans le fait que la croissance, si elle était générée par des énergies propres, ou par un renouvellement devenu possible des ressources naturelles qui aujourd'hui sont considérées comme non renouvelables, soit fatalement un état de choses qu'il faudrait combattre. La croissance a apporté un certain nombre de bienfaits humains. Elle a augmenté le confort et recueilli le satisfecit d'une grande majorité de la population. Par surcroît, il est probable que, si nous parvenions à éliminer les dégâts environnementaux causés par la mise en œuvre des techniques de prédation des ressources naturelles, la croissance pourrait bien se révéler porteuse d'une majorité d'effets salutaires pour la population toute entière.

Par ailleurs, en supposant que ceux qui pensent que le génie humain aidé par la science est capable de trouver des énergies définitivement et éternellement renouvelables (comme par exemple la fusion nucléaire) réussissent leur pari de développement durable. En supposant également que tous les projets d'apparence chimérique, mais qui constituent néanmoins le credo d'un certain nombre de scientifiques actuels, arrivent finalement à se concrétiser, il ne me paraît pas évident du tout qu'il faille militer pour décroître quand même.

La contestation de la croissance, il ne faut pas l'oublier, est intimement liée à la conviction que l'utilisation des ressources naturelles par l'homme génère une empreinte écologique insoutenable pour la vie sur cette planète. S'il en était différemment, cette motivation fondamentale pour s'opposer de façon systématique et de façon incontestable à la croissance n'existerait plus.

Par ailleurs, le discours des objecteurs de croissance ajoute à la stigmatisation de l'empreinte écologique la contestation du mode de gestion économique de la société, c'est-à-dire du capitalisme. Or, là encore il n'est pas évident que le capitalisme soit à lui seul synonyme de croissance. En effet, on pourrait très bien imaginer une société de croissance non capitaliste et soutenable, alimentée par des énergies renouvelables, organisée en autogestion et en coopérative. Il n'y a donc pas forcément de corrélation indiscutable entre *capitalisme* et *croissance* car cette dernière aurait très bien pu se développer avec un mode de gestion non capitaliste. La preuve en est que les pays qui avaient mis en place, en Europe de l'Est, des régimes communistes, avaient également axé leurs politiques économiques sur un développement croissant.

Il semblerait même que l'objectif réel des objecteurs de croissance soit d'utiliser la décroissance des énergies fossiles comme prétexte pour pouvoir ajouter à cette réalité physique une contestation politique du capitalisme. Ainsi, le fait d'amalgamer les deux et de rendre synonymes capitalisme et croissance, constitue, à mon avis, un abus de langage politique. Car après tout, supposons un instant que l'empreinte écologique soit diminuée par l'intervention sur l'un des facteurs constitutifs de cette même empreinte écologique (par exemple la démographie). Imaginons que, sous l'effet d'une politique dénataliste, les territoires se dépeuplent. Nous aurions alors une pression démographique beaucoup moins forte, ce qui allégerait d'autant la prédation des ressources naturelles sur la planète, qui, du coup, deviendrait alors soutenable. Dans ce cas-là et de ce point de vue, l'urgence à décroître ne serait pas fondée.

Mais tentons de pousser encore un peu plus loin le raisonnement. Imaginons que des énergies propres et renouvelables, voire inépuisables, puissent être maîtrisées par l'homme. J'ai déjà évoqué la fusion nucléaire, mais plus crédible et déjà opérationnel, il y a le solaire thermique. Cette technique de capture de l'énergie solaire se distingue du très controversé solaire photovoltaïque, dont nous savons que les panneaux sont fabriqués avec des matériaux à la fois rares et toxiques, et dont la fin de vie pose de graves problèmes de pollution. Le solaire thermique, par contre, est exempt de ces défauts et génère très peu d'empreinte écologique. J'ai visité la grande station solaire thermique de Kramer Junction en Californie, et nous n'y avons a pas le sentiment que l'homme soit en train de spolier la nature en plaçant ces longues rangées de miroirs au milieu du désert de Mojave.

Par ailleurs, et en ce qui concerne la problématique du recyclage, les travaux de Roegen démontrant que la diminution successive des taux de récupération conduit, à terme, à la quantité zéro de matière réutilisable, pourraient être remis en cause par de nouvelles découvertes physiques, et nous pourrions imaginer que l'innovation technique arrive finalement à atteindre un taux de récupération de 90 ou 95 %, ce qui repousserait à une échelle très lointaine l'extinction de la matière.

Donc, si la technique, la science, et la politique (pour ce qui concerne la démographie), arrivaient à maîtriser tous ces paramètres, nous pourrions diminuer l'empreinte écologique à un niveau très bas, c'est à dire finalement soutenable, et la formule très connue des objecteurs de croissance disant : « *Quand bien même la décroissance n'interviendrait pas de façon inéluctable, il nous faudrait quand même décroître* », fondée sur l'hypothèse que, de toutes façons, la civilisation industrielle exerce une pression insoutenable sur les ressources naturelles, perdrait sa justification principale. Si cette hypothèque-là était levée, il n'y aurait pas d'équivalence ni d'équation automatique entre croissance et destruction de la planète. Nous voyons donc que l'axiome des objecteurs de croissance relatif à cette obligation de décroître malgré d'éventuelles avancées ou découvertes de la science, ne parait pas si évident que cela, au terme d'une analyse approfondie.

22. **Question :** En définitive quels sont vos points d'accord et vos points de désaccord avec les objecteurs de croissance ?

Réponse : Mon point d'accord principal avec les objecteurs de croissance concerne la pertinence de la démarche individuelle d'un choix de vie *dit décroissant*. Personnellement, je pratique ce mode de vie, depuis le début des années 1970, à une époque où la plupart des leaders des mouvements d'objection de croissance actuels étaient en bas-âge, ou n'étaient pas encore nés. J'ai pratiqué l'agriculture biologique dès cette époque et je la pratique toujours. Cette démarche individuelle qu'on peut appeler *pas de côté* est à mon sens la meilleure façon de contester la croissance. Le prosélytisme également, c'est-à-dire la démarche politique qui tend à favoriser une dissémination de ces pratiques, me paraît également tout à fait intéressant, pourvu qu'il ne franchisse jamais la limite de la libre détermination des individus et qu'il ne cherche pas à imposer par la loi cette option à tout le monde.

Je suis également tout à fait en accord avec les objecteurs de croissance pour ce qui concerne le diagnostic porté sur les énergies fossiles actuelles. Celles-ci sont, bien entendu, en voie de d'extinction. Je partage également leur scepticisme sur les potentialités des énergies *dites nouvelles*, qui, comme nous le savons, ne sont pas si nouvelles que cela puisque le soleil, le vent et l'eau sont des énergies ancestrales. Ces énergies sont présentées par l'oligarchie régnante comme des substituts possibles au carburant fossile or, l'étude très technique du potentiel de ces énergies montre qu'elles ne seront jamais en mesure de remplacer les 90 millions de barils/jour de pétrole consommés par l'ensemble de la civilisation industrielle. Donc, sur ces deux thèmes, déplétion fossile et surestimation des possibilités des énergies renouvelables, je suis tout à fait en accord avec les objecteurs de croissance.

Un troisième point important d'adhésion avec eux concerne la critique du grand capitalisme. J'ai expliqué précédemment que je faisais une distinction très importante entre grand capitalisme et petite entreprise individuelle. Il est évident que les grosses sociétés, et à plus forte raison les sociétés transnationales, constituent effectivement un élément déterminant de la croissance et de l'exploitation de l'homme par l'homme. Je parle de ce capitalisme qui fonctionne essentiellement grâce au système de création monétaire et aux lois étatiques, sans lesquelles d'ailleurs il n'existerait pas. Ce capitalisme-là doit être combattu et si possible éradiqué dans le cadre de la société de l'après-pétrole et de l'après-croissance.

Je suis donc en accord avec les objecteurs de croissance sur ces trois points. Par contre je suis en désaccord sur un certain nombre de leurs autres positionnements. Tout d'abord concernant la critique du *productivisme*, j'ai déjà dit que leur analyse quelque peu schématique, voire simpliste de cette question ne me paraissait pas réaliste, notamment dans l'hypothèse où la société s'organiserait avec des coopératives et des entreprises en autogestion. Le productivisme, c'est-à-dire la recherche de l'efficience, de l'efficacité dans le processus de production, me paraît indispensable pour mener à bien une société à basse énergie. Corollairement, chaque fois qu'on assimile *productivisme* à *recherche du profit*, on fait là un amalgame tout autant contestable. La recherche du profit maximum n'est critiquable que dans le cas où cette recherche s'exerce pour les seuls besoins d'un groupe d'actionnaires, et qu'on se trouve dans un système où des capitaux sont investis par des agents extérieurs au processus de production, et qui, de ce fait, font fructifier leur capital argent sans faire fonctionner leur capital travail. Mais dans le cas où on conçoit une société organisée autour d'un réseau dense de petites entreprises individuelles, parfaitement adaptées aux conditions de basse énergie, je reste persuadé que la notion et l'objectif de profit est un élément moteur déterminant dans l'efficacité du système économique mis en place.

Mon deuxième point de désaccord concerne cette critique quasi-épidermique des objecteurs de croissance vis-à-vis du *consumérisme*. Le consumérisme peut être défini de différentes façons, mais il convient, avant toute chose, de respecter la liberté individuelle de chaque individu de choisir tel ou tel produit, de choisir tel ou tel mode de vie. Et toutes les critiques du consumérisme, des modes de consommation de notre société actuelle procèdent, à mon avis, d'un incroyable péché d'orgueil de la part de ceux qui pensent détenir la vérité sur ce qui est bien pour l'individu dans sa façon de vivre, et sur ce qui est condamnable. Je pense à une formule de Paul Ariès, une très belle formule, un peu comme celle de Serge Latouche concernant la colonisation de l'imaginaire….. Paul Ariès dit : « *Le capitalisme donne à jouir, mais cette jouissance est de mauvaise qualité* ». Cela signifie que la société qu'il appelle de ses vœux aurait pour vocation de fournir un certain nombre de produits et services qui, tels ceux du capitalisme, donneraient aussi à *jouir* mais que leur nature de jouissance serait, elle, de *bonne qualité.* Cette décroissance validée par une joie de vivre ainsi labellisée, procède d'un impérialisme intellectuel qui me gêne profondément.

En poursuivant ce raisonnement, nous aboutissons en fait à une idée non-dite, qui parfois est quand même lâchée subrepticement, c'est celle de *la planification*. Derrière la critique du consumérisme, derrière ce procès que les objecteurs de croissance font à Monsieur-tout-le-monde pour le délit de mal *consommer*, d'être addict à son portable ou à tel autre produit, il y a la volonté de lui imposer une autre façon de consommer, une *autre façon de jouir*. Il y a cette idée que seule une planification établie par un ministère ou une *commission des besoins* chargée de déterminer pour l'ensemble de la population quels doivent être les biens et les services admissibles, consommables, disons politiquement jouissifs. Et cette idée seule me paraît détestable !

Enfin, un dernier point vient en conséquence logique de toutes ces considérations, c'est qu'il y a chez les objecteurs de croissance, malgré certaines de leurs dénégations, une immense *confiance en l'État*, voire une véritable *vénération* qui les conduit à déléguer sans hésiter le règlement de tous les problèmes individuels aux dispositifs étatiques. Prenons l'exemple de cette fameuse dotation ou *revenu inconditionnel d'activité*, qui serait financée par un système de *revenu maximum autorisé*, c'est-à-dire par un prélèvement de force sur tous les revenus au-dessus d'un certain seuil. Ce dispositif fiscal étatique monumental, s'il était installé, dépasserait tous les systèmes d'assistance connus dans l'histoire.

Il s'agit là de l'affirmation d'un credo absolu dans l'efficience technique et la vertu redistributrice de l'État que je ne saurais partager, nonobstant la couleur politique dont il serait habillé.

23. **Question** : le terme de *transition* tient le haut du pavé écologiste depuis que le ministère de l'écologie est devenu celui de la transition écologique. Quel rapport avec ceux que vous dénommez les *athées transitionnistes* ?

Réponse : Il n'y a aucun rapport. Le terme de transition a été introduit en 2017 dans le langage politique après le remplacement du Ministère de l'Écologie et du Développement durable par celui de la *Transition écologique et solidaire* (dirigé par l'ineffable Nicolas Hulot), puis par celui la *Transition écologique et de la Transition énergétique* en 2022. Il s'agit là d'un abus de langage manifeste, pour ne pas dire d'un hold up sémantique, dans la mesure où l'écologie étant une science qui a pour objet d'étudier les lieux et conditions d'existence des êtres vivants ainsi que les rapports qu'ils établissent avec leur environnement, on ne peut parler de transition que si on définit clairement un avant et un après, ce qui ne constitue pas, à défaut de m'apporter la preuve du contraire, l'objectif de base annoncés de tous ces ministères de circonstances. Et c'est ainsi qu'est apparu dans le vocabulaire courant le terme *transitionniste* désignant une personne voulant agir pour la *transition écologique*, concept reconnu en tant que synonyme d'*accession au développement durable.*

Officiellement, et je dirais même conformément à la loi infox de 2018, les transitionnistes doivent être compris comme étant des zélateurs du développement durable. De ce point de vue, ils ne peuvent être rangés dans la classification proposée des athées transitionnistes, au minimum parce qu'ils sont mus d'une croyance religieuse (ou idéologie politique si l'on préfère) et au maximum parce que le chemin vers le développement durable n'est objectivement pas une transition mais une impasse (cf. mon livre *L'impasse de la croissance*).

Les *vrais transitionnistes* ne se positionnent pas sur un plan idéologique, ils se disent apolitiques et le sont effectivement. Les *mouvements de transition*, dont le porte-parole le plus connu est *Rob Hopkins*, ont pris naissance en Grande Bretagne dans des villes petites et moyennes, à partir de 2005. Ils se sont, depuis, implantés dans des cités plus importantes avec pour objectif de s'exercer à vivre concrètement dans une société post-croissance. Pour les vrais transitionnistes, la déplétion des ressources fossiles est un fait inéluctablement acquis et, par voie de conséquence, la décroissance aussi. Nous voyons donc déjà une différence essentielle avec les transitionnistes officiels, c'est qu'ils ne croient pas à la possibilité d'une croissance durable (d'où leur athéisme de ce point de vue). Par ailleurs, et contrairement aux objecteurs de croissance dont nous avons parlé précédemment, nous ne pouvons pas les soupçonner de ne pas croire à la décroissance.

24. **Question :** Les vrais transitionnistes déclarent que leur objectif est d'inciter les citoyens d'un territoire (bourg, quartier d'une ville…), à prendre conscience, d'une part, des profondes conséquences que vont avoir sur nos vies la convergence du pic du pétrole et du changement climatique et, d'autre part, de la nécessité de s'y préparer concrètement. Dès lors quelle est vraiment leur différence avec les objecteurs de croissance ?

Réponse : Je viens de le dire, mais il me faut sans doute expliciter plus précisément cette différence. Je répète que, chez les objecteurs de croissance, la survenue inéluctable de la décroissance n'est pas une certitude, alors que, pour les athées transitionnistes, la question ne se pose même pas : ils en sont persuadés. Ils considèrent d'ailleurs que la décroissance est déjà là, et se mettent en situation concrète de modifier leur mode de vie avec la contrainte volontaire de la basse énergie. Alors, c'est le développement de ce qu'on appelle l'agriculture urbaine, notamment, concrétisée par l'implantation de petites ou moyennes surfaces maraîchères dans les villes, et également d'îlots de petits élevages. Nous n'avons pas, chez les vrais transitionnistes, de prise de position très affirmée contre le capitalisme, contre tel ou tel parti politique, et c'est là une autre ligne de clivage très nette avec les objecteurs de croissance. D'ailleurs, Michel Lepesant, président du MOC, a déclaré lors d'une récente interview vidéo que les transitionnistes n'étaient pas des décroissants. Ce sont donc les objecteurs de croissance eux-mêmes qui tiennent à se démarquer de ces transitionnistes.

25. **Question :** Les transitionnistes se focalisent beaucoup sur le concept de résilience, partagez vous cette focalisation ?

Réponse : Ah oui, complètement ! Le concept de *résilience* c'est la capacité d'une entité ou d'un individu à retrouver ses propriétés initiales après une altération, un choc. Le choc, en l'occurrence et pour ce qui nous intéresse, c'est tout simplement le choc de la survenue plus ou moins rapide de la décroissance. Et les actions mises en place par les (vrais) transitionnistes sont des actions qui anticipent cette survenue, et qui imaginent des dispositifs pour y faire face. C'est, à mon sens, la première démarche à entreprendre à partir du moment où on commence à croire à la décroissance. On me pose souvent la question : « *Et si on est convaincu de la décroissance, convaincu qu'elle va bientôt survenir bien qu'elle ne soit pas encore là, et qu'on a un mode de vie conforme au système, qu'est-ce qu'on peut faire en attendant ?* » Et je réponds souvent : « *ce qu'on peut faire c'est* *déjà y penser et s'y préparer mentalement.* » Donc, avant d'aménager son arrière-cour ou son petit jardin en potager, ce qui ne sera pas immédiatement efficace, il y a quelque chose de plus important à entreprendre, c'est une démarche mentale qui va vous amener à vous mettre en *situation de résilience*.

26. **Question** : La relocalisation de l'économie tient une grande place dans la démarche des transitionnistes, par le biais d'actions concrètes telles les AMAP, SEL, monnaies locales, jardins partagés, pensez-vous que ce soit une démarche d'avenir, ou simplement le témoignage d'une mode quelque peu bobo ?

Réponse : Comme dans tous les mouvements naissants, et parce que nous sommes dans une société dominée par le marketing, nous ne pouvons nier qu'il y ait une récupération à la marge de ces démarches, et qu'effectivement certains néo-ruraux ou *bobos* initient ponctuellement des actions de ce type, pas toujours menées à leur terme d'ailleurs.

A titre d'exemple, je citerais le mouvement *Terre de Liens* ayant pour vocation l'acquisition collective de propriétés agricoles dans le but de les proposer en fermage à des porteurs de projets agrobiologiques et qui, malheureusement, enregistre bon nombre de défections au bout de quelques années d'expérimentation, résultat somme toute bien prévisible puisqu'il s'avère que les vrais métiers (comme celui d'agriculteur notamment) ne s'inventent pas aussi facilement que cela. Nous découvrons ainsi l'indice qu'une vocation tardive n'est pas forcément aussi bien enracinée qu'une longue hérédité familiale, sans que cela nous amène toutefois à conclure hâtivement que les échecs ou le caractère non-durable de ces démarches de retour à la terre – à classer indubitablement dans la rubrique des *démarches de transition* - préfigurent dores et déjà le sort des mouvements qui seront plus tard imposés par la réalité. De fait, ces démarches avortées pourraient très bien constituer des expériences, des prémisses et, finalement, les premiers pas d'une mutation que les individus, un par un, devront être tôt ou tard obligés d'opérer face à l'inéluctabilité de la décroissance.

27. **Question :** La mise en œuvre de cette transition pose le problème du *foncier agricole*. Comment voyez vous l'action des transitionnistes dans cette affaire ?

Réponse : Le mouvement *Terre de Liens,* dont je viens de parler, est un exemple de développement d'une approche de type transitionniste par rapport au problème du foncier agricole. Dans ce domaine très complexe, et en attendant une réforme plus radicale, il convient de lutter dès maintenant contre la spéculation sur les terres agricoles liée, d'une part, au développement de l'urbanisation péri-urbaine, et, d'autre part, à l'éclatement des propriétés agricoles venant à la transmission. Le morcellement des surfaces des cédants, opéré souvent avec la bénédiction des SAFER (Sociétés d'aménagement foncier et d'établissement rural), favorise l'agrandissement des exploitants par les acquisitions périphériques et amène à une concentration toujours plus grande des terres agricoles entre les mains de quelques-uns. Face à la nécessité entropique de revenir à une agriculture naturelle et délivrée de sa dépendance à la pétrochimie, ce type de démarche marque un pas important dans le mouvement de ré-appropriation de la terre par les citoyens, et préfigure une véritable conception de la terre agricole en tant que bien commun à tous.

28. **Question :** Globalement comment vous situez-vous par rapport aux transitionnistes ?

Réponse : j'adhère à toutes les démarches des (vrais) transitionnistes, hormis un léger point de désaccord concernant leurs arguments. Leurs motivations, en vérité, sont excellentes, et je les partage, notamment lorsqu'ils mettent en avant l'argument du pic pétrolier. Par contre lorsqu'ils se sustentent à la *tarte à la crème* du réchauffement climatique, je deviens beaucoup plus réservé dans la mesure où, comme je m'en suis déjà expliqué, je vois la question du réchauffement climatique comme un pur produit du capitalisme lui-même. Nous sommes un certain nombre, en effet, à considérer que le GIEC, remplit une double fonction de leurre politique et de lobby économique au service du capitalisme vert, lui-même simple département du capitalisme mondial qui, d'une main, met en oeuvre l'exploitation des ressources fossiles, et, d'une autre main, fabrique les systèmes de décarbonisation et orchestre les bourses d'échanges de bons carbones tout en réalisant de confortables bénéfices par les deux bouts.

Ce système machiavélique qui permet, d'une part, de faire des profits en vendant un produit aux individus dans le cadre de l'économie de marché, et, d'autre part, d'ajouter à ces bénéfices ceux d'une activité financée par l'argent public, est un remarquable montage du système capitaliste. J'ai déjà indiqué, à propos des objecteurs de croissance, combien il était regrettable de les voir tomber dans ce piège grossier et se faire ainsi les principaux artisans du développement du capitalisme vert, et je déplore que, sur ce plan là, les transitionnistes ne fassent pas preuve de plus de discernement.

29. **Question :** Pourquoi dites vous que les écologistes politiques sont agnostiques et de quoi sont-ils, selon vous, inquiets ? Ne sont-ils donc pas décroissants ?

Réponse : En disant que ce sont des agnostiques je suis plutôt moins sévère que d'habitude envers eux. Etre agnostique vis-à-vis de la croissance, cela veut dire qu'on y croit sans y croire, ou tout au moins qu'on n'est pas sûr qu'elle va durer. De la même manière un agnostique, au sens religieux du terme, n'est pas certain de l'existence de Dieu, et attend une confirmation très concrète, voire scientifique, avant de choisir de croire ou de ne pas croire. En fait, je pourrais carrément ranger les écologistes politiques dans la catégorie des adorateurs, des fervents croyants en la croissance, mais je leur laisse le bénéfice du doute, et un certain préjugé favorable, eu égard à leur passé. Il faut bien savoir, en effet, que le mouvement écologiste, en tant que mouvement politique, a démarré peu après mai 1968, avec notamment les courants qui s'opposaient aux centrales nucléaires. On se souvient des marches sur Bugey ou Fessenheim, et les collectifs qui s'opposaient à la mise en place généralisée de l'agriculture industrielle, avec notamment les rassemblements du Larzac.

Nous avions, à l'époque, le journal *La Gueule Ouverte* du regretté Pierre Fournier. Nous eûmes ensuite *Les Amis de la Terre*, avec déjà Yves Cochet et Brice Lalonde, et à l'époque, très objectivement, les gens qui se disaient écologistes ne voulaient pas d'une société toute entière basée sur la croissance. J'ai moi-même, à l'issue de mes études supérieures dans une grande école de commerce, fait le *pas de côté* en refusant d'assumer mon rôle programmé de jeune fer de lance de l'économie française, et me suis engagé dans une activité d'exploitant agricole en mode biologique, dès

1969. Le refus de la croissance, fait donc bien partie de la genèse historique du mouvement écologiste. Par la suite, il y eu des événements qui changèrent le cours de l'histoire de ce mouvement. Après 1990 et la chute du mur de Berlin, le mouvement écologiste fut progressivement infiltré par ceux que j'appelle les *réfugiés de la vie politique,* conglomérat de militants devenus orphelins de l'idéologie communiste à la suite à l'implosion des régimes d'Europe de l'Est.

C'est ainsi que, progressivement, ce mouvement initialement apolitique (au sens politicien du terme) et contempteur de la croissance, s'est trouvé confronté à un paradoxe interne dans la mesure où ces nouveaux arrivants post 1990 étaient des activistes plutôt, voire fermement, convaincus de la nécessité de la croissance et ce, bien entendu, en rapport avec leur filiation communiste. Et c'est précisément en raison de cette dualité interne que je compare les écologistes actuels à des agnostiques. Je dirais qu'ils croient en la croissance sans y croire, et que cela les inquiète parce que cette incertitude les place devant des choix politiques très ambigus et difficiles à assumer.

Il est important de bien comprendre que les *écologistes*, à l'origine du mouvement, furent motivés et mus par une conviction *décroissante*. Mais il est tout aussi important de constater qu'aujourd'hui ils ont perdu cette conviction, ce qui les conduit d'ailleurs à s'opposer fermement à toutes les mouvances décroissantes. On se souvient de la célèbre phrase de Daniel Cohn Bendit : « *les décroissants, des cinglés.. !* ». Nous avons également un exemple frappant avec le cas d'Yves Cochet, qui fut un membre historique du mouvement écologiste - les Verts puis EELV - et qui, de par ses prises de position et ses convictions très profondément décroissantes a été progressivement marginalisé au sein de son propre parti. Yves Cochet, qui croit en la décroissance inéluctable, a d'ailleurs écrit un livre intitulé *Pétrole apocalypse*, basé notamment sur les données techniques de Jean Laherrère, président d'ASPO France (Association pour l'étude du pic pétrolier). Il est donc bien clair qu'il n'y a pas de place aujourd'hui à EELV, pour un militant qui aurait une vision décroissante. Que cette vision soit celle d'une décroissance volontairement adoptée, démocratiquement imposée, ou entropiquement subie, cet éventuel militant, même dépositaire de la substantifique moelle de l'écologie, n'aurait plus aujourd'hui aucune chance de survie au sein du parti des écologistes politiques.

> 30. **Question :** Mais alors quel est le fondement de l'idéologie des écologistes politiques et comment se situent-ils par rapport à la croissance ?

Réponse : Le fondement de leur idéologie s'appelle désormais : *développement durable !* Et leur position par rapport à la croissance est de croire qu'elle peut être maîtrisée et contrôlée. Ils tombent de ce fait, eux aussi, dans le péché d'orgueil scientiste de la pensée contemporaine qui considère que le génie humain peut s'affranchir des lois physiques fondamentales. Selon eux, la réalité d'une forme de croissance qui ne va pas mettre l'empreinte écologique en surchauffe reste possible en dépit de l'inéluctabilité des trois facteurs que sont : 1/ la raréfaction des ressources naturelles, 2/ la dégradation de la matière et 3/ l'accroissement de la démographie. Et c'est sur cette hypothèse aberrante qu'ils basent toute leur idéologie. Au niveau de la filiation idéologique, il convient de les rattacher à *Herman Daly*, lui-même élève et disciple de Nicholas Georgescu-Roegen, mais vivement critiqué par son maître après qu'il se fut écarté de l'analyse bioéconomique décroissante pour créer sa théorie de l'état stationnaire (*steady-state economy*) avec le succès politique

que l'on sait. La théorie de l'état stationnaire, qui a donné naissance à l'application opérationnelle du *développement durable*, est à la source de l'idéologie qui encadre aujourd'hui la démarche des partis écologistes.

> 31. **Question :** Que dit réellement la science écologique, dont ils se réclament, sur la croissance et sont-ils en accord avec ses préceptes ?

Réponse : La science écologique ne dit absolument rien sur la croissance, ni sur la décroissance ! L'écologie est une science neutre qui étudie les lieux et conditions d'existence des êtres vivants, végétaux ou animaux, et les relations qu'ils établissent avec leur environnement. L'écologie observe, commente mais ne fait pas de pronostic et, en tout cas, ne se positionne pas par rapport à la croissance. De ce point de vue, les écologistes politiques - je m'en suis déjà longuement expliqué dans mon livre L'*imposture écologiste* - font une extension de langage, voire un hold-up sémantique sur une science réelle dont les praticiens s'appellent d'ailleurs *écologues* et non pas écologistes. Dit autrement, j'affirme que *les préceptes de la science écologique*, ça n'existe pas. Les préceptes du mouvement écologiste, par contre, existent bel et bien, mais ils ne sont que des argumentaires politiciens fabriqués à l'insu de la science dont ils se sont abusivement approprié le nom.

> 32. **Question :** Comment expliquez-vous leur succès politique et l'importance grandissante de leur influence sur les modes de pensée actuels ?

Réponse : Leur succès politique est un succès émotionnel. Les idées exposées dans le catalogue politicien des mouvements écologistes sont sont conçues pour être bienveillantes et plaire à Monsieur-tout-le-monde. Ne pas polluer, ne pas salir la verte campagne, ne pas laisser traîner ses emballages et ses papiers gras sont autant de consignes largement consensuelles qui ne rencontrent guère d'opposition dans l'esprit commun. Lorsqu'on demande à l'homme de la rue : « *qu'est-ce que qu'un écologiste ?* », celui-ci va immanquablement répondre : « *c'est quelqu'un qui lutte contre la pollution, qui cherche à préserver la forêt, et la beauté de la planète* ». Le succès des écologistes vient donc en grande partie, de ce discours fortement empreint d'évidences qu'ils se chargent de répandre dans les médias. Il s'agit, ni plus ni moins, d'un marketing politique très réussi, à tel point que tous les partis politiques se disent maintenant écologistes, et que les écologistes politiques sont obligés de se positionner sur des thèmes n'ayant rien à voir avec l'environnement pour se distinguer des autres partis traditionnels.

Pour ce qui concerne leur influence sur les modes de pensée, il faut noter que les écologistes se sont radicalement ralliés à l'idéologie capitaliste, puisque les solutions, ou les préconisations, qu'ils avancent en termes politiques et en termes d'actions économiques, peuvent toutes se regrouper sous le vocable générique de *capitalisme vert*. C'est ainsi qu'ils sont les promoteurs de nouvelles industries et de nouvelles activités économiques peintes en vert – il y a un d'ailleurs terme anglo-saxon qui désigne cela, c'est celui de *greenwashing* – qui vont permettre à toute une frange de l'économie de fonctionner sur un *business model* rigoureusement identique à celui utilisé par l'industrie fossile.

> 33. **Question :** Dans leur comportement politicien, les leaders écologistes affichent une quasi-similitude avec ceux des autres partis traditionnels. Pensez-vous qu'il existe une différenciation sensible entre

les idéaux et valeurs défendues par les militants de base et ceux présentés par leurs représentants élus ?

Réponse : Oui. Il existe une différence. Mais la question est de savoir si cette différence est sensible, très sensible, légèrement sensible ou sensiblement importante….. Y a-t-il un fossé entre les militants de base EELV et l'état-major ? Je ne dirais pas qu'il y a un fossé, mais seulement qu'il y a un certain décalage. Un décalage dont l'ampleur est à mesurer de façon précise. Comme je l'ai déjà expliqué précédemment, ceci tient au fait qu'il existe un paradoxe interne, voire une névrose propre aux partis écologistes. Ils doivent composer avec des fondamentaux d'essence génétique qui sont d'inspiration décroissante, alors que la *realpolitik* les poussent à tout le contraire. Par ailleurs, je pense que le militant de base a bien conscience que toutes les mesures proposées par les partis écologistes sont d'inspiration capitaliste, mais comme il a quand même le souci d'avoir une audience auprès de la population, il adopte, à contre cœur, les directives qui viennent d'en haut. Il existe donc, au sein des partis écologistes, un vrai malaise, qui est plus ou moins bien géré. Nous voyons beaucoup de militants écologistes sincères qui *sortent* d'EELV – il y a d'ailleurs un groupe sur Facebook qui s'appelle *EELV, les exclus, les démissionnaires, les déçus* – et qui vont rejoindre des positionnements plus radicaux. Mais l'image vis à vis du grand public, et c'est finalement cela qui compte en politique, est une image qui est n'est pas façonnée par les militants, mais par les leaders. Hélas !

34. **Question :** Finalement, comment vous situez-vous par rapport aux écologistes politiques?

Réponse : Je me situe à leurs antipodes. J'ai longuement expliqué dans mon livre les raisons pour lesquelles je considère que ces gens-là sont des imposteurs. Très rapidement, je vais rappeler ici les principales raisons qui m'ont amené à ce constat :

Premièrement, ils sont ancrés dans une implacable logique de politique politicienne. On voit très bien que, malgré des discours trompeurs, ils utilisent le marketing politique et fonctionnent d'une façon tout à fait identique à celle des autres partis de l'échiquier politicien.

Deuxièmement, je leur reproche leur alignement radical sur les thèses du GIEC, concernant notamment le réchauffement climatique, dans la mesure où je considère, avec de nombreuses autres personnes, que le GIEC est un lobby travaillant exclusivement pour la promotion du capitalisme vert.

Troisièmement, je conteste leur positionnement nataliste. En effet, nous n'entendons jamais les écologistes parler de l'urgence démographique sur la planète. Un milliard d'habitants en 1900, sept milliards en 2014 et dix milliards en 2050, ça n'a pas l'air de les inquiéter, alors qu'il s'agit là du problème numéro un que nous aurons à résoudre concomitamment à la diminution de la disponibilité en ressources naturelles finies.

Quatrièmement, je les accuse d'être pro-nucléaire, et je pèse mes mots ! Ils ont bien distillé, certes, un discours de façade anti-nucléaire issu de leur petite enfance des années post 1968, à une époque où celui-ci constituait leur seul fonds de commerce, mais nous les voyons désormais séjourner régulièrement dans les fauteuils ministériels depuis plusieurs dizaines d'années, sans qu'il y ait eu la moindre modification notable dans la conduite de l'industrie nucléaire. Ils n'ont proposé aucune fermeture d'usine, ni même de réacteur, et leur action pour réduire l'industrie nucléaire s'est soldé par un résultat rigoureusement nul. Le sujet est d'ailleurs aujourd'hui largement dépassé puisque, à l'instar de leur ex-gourou Nicolas Hulot et de son éminence grise Jean-Marc Jancovici, les écologistes politiques sont devenus des nucléaristes convaincus.

Cinquièmement et concernant l'agriculture biologique, qui fut également l'un des piliers de la contestation écolo des années 1970, je constate avec regret une démobilisation spectaculaire des partis écologistes. En effet, si on se réfère au projet EELV pompeusement dénommé *Vers une société écologiste*, on n'y trouve que 80 lignes (ligne 410 à 490) à peine sur 3.200 (soit 2,5%) consacrées à l'agriculture, au long desquelles nous chercherions en vain des propositions concrètes et fortes sous tendues par une vision globale de la problématique agricole. De plus, ils sont les promoteurs du regrettable label AB (Agriculture Biologique) qui est scandaleusement permissif par rapport aux premiers labels bio des années 1970, beaucoup plus restrictifs et que j'ai moi-même pratiqué en tant qu'agrobiologiste. Des centaines de produits *intrans* sont aujourd'hui autorisés dans ce label AB, alors que le label *Lemaire Boucher* des débuts, pour ne citer qui lui, ne tolérait que dix ou vingt produits maximum.

Enfin, et en guise de sixième critique, je reproche aux écologistes politiques leur propagande démagogique concernant les énergies renouvelables. Ils agitent vers le grand public un miroir aux alouettes avec leur trilogie *Eau-Air-Soleil*, ces ressources étant requalifiées par eux en termes d'énergies nouvelles alors que nous savons tous que l'eau, le soleil et le vent sont des énergies ancestrales. Les assyriens déjà faisaient tourner des moulins à vent dans les plaines de Mésopotamie, les égyptiens faisaient la cuisine à l'énergie solaire et les moulins à eau sont connus depuis des siècles. En réalité ces énergies ne sont pas nouvelles (et il convient de rétablir la vérité sur ce point) et, d'autre part, une étude technique approfondie montre qu'elles ne seront jamais en mesure de remplacer la quantité d'équivalent pétrole fournie par la trilogie fossile Pétrole-Gaz-Charbon.

Tous ces éléments sont porteurs d'éloignement et d'opposition, mais j'ajouterais un dernier reproche plus spécifiquement politique. En effet, ce mouvement qui, à l'origine, était plutôt d'essence anarchiste et libertaire a franchement viré de bord et se présente aujourd'hui sous une forme délibérément étatiste et coercitive. Ceci est le résultat, on l'aura compris, de son infiltration par les anciens communistes staliniens. Je considère que l'appellation désobligeante, dont ils font parfois l'objet, de *khmers verts*, est en partie justifiée tant ils sont imprégnés de la religion de la taxe, de la vénération de l'impôt, et finalement de la vertu de la spoliation fiscale envers le citoyen de base. Ce credo indéfectible en un État Vertueux qui, seul, peut être habilité à œuvrer pour le bien public, est le symptôme du mépris dans lequel ils tiennent tous les mouvement citoyens prônant une démocratie directe par laquelle le pouvoir législatif tout entier serait concentré entre les mains du peuple, et non plus confisqué par une élite soi-disant représentative.

> 35. **Question :** Vous mettez en avant le caractère inéluctable de la décroissance, mais pensez-vous que ce caractère soit réellement indiscutable. N'existe t-il pas une possibilité que la décroissance ne survienne pas et que la croissance perdure ? C'est pourtant ce que semble croire la grande majorité des gens !

Réponse : Oui, c'est effectivement la croyance dans laquelle s'enferme la grande majorité des gens ! Et on pourrait me rétorquer : *c'est credo contre credo* ! La grande majorité des gens est persuadée, en effet, que la croissance va continuer, alors qu'une petite minorité seulement, dont je fais partie, pronostique son arrêt et, qui plus est, son inflexion négative, c'est-à-dire la décroissance. Mais, est-ce réellement *credo contre credo* ? Dans un certain sens, oui, parce que comme vous l'avez dit, ce caractère inéluctable n'est pas indubitablement prouvé et on ne peut pas, à priori, écarter la possibilité que la croissance perdure. Mais voyons un peu plus précisément ce qu'il y a derrière ces convictions.

Pour ceux qui croient en la croissance, l'axiome fondateur est que ce qui est aujourd'hui ne peut pas ne pas perdurer. C'est évidemment une manifestation de la force de l'instantanéité et de la dictature du présent. A l'inverse, notre position, à nous convaincus de la décroissance inéluctable, se base sur un catalogue détaillé de faits incontestables, et en premier lieu celui que les ressources d'hydrocarbures n'existent qu'en quantité limitée et que leur extraction est vouée à diminuer, amorçant ainsi ce qu'on appelle la *déplétion fossile*. Nous avons aujourd'hui une évaluation assez précise des réserves encore disponibles de charbon, gaz et pétrole, et personne ne conteste que d'ici un certain nombre d'années (à préciser, car cela dépend effectivement de la rapidité avec laquelle on va puiser dedans), il va y avoir un assèchement. Ce caractère de finitude concerne également les minerais qui constituent le complément indispensable de l'énergie pour faire fonctionner la société industrielle.

Nous ne contestons pas qu'il existe néanmoins des ressources renouvelables (essentiellement le bois, et plus globalement la biomasse), mais les lois physiques nous imposant de ne pas les exploiter au-delà de leur taux de renouvellement, elles ne peuvent être en mesure de fournir, à elles seules, le carburant nécessaire au maintien de l'activité économique telle que nous la connaissons aujourd'hui.

Enfin, il est exact que nous avons à notre disposition des ressources *quasi inépuisables*, avec le vent, le soleil, et l'eau, ou plus exactement la gravité, (c'est la dire l'énergie dégagée par l'élément liquide lorsqu'il passe d'un point haut à un point bas) qui seraient les seules à pouvoir alimenter un développement durable, mais dont nous contestons le potentiel putatif annoncé par certains… et ceci à défaut d'être contredit par les faits, ce qui n'est pas encore le cas, il faut bien le reconnaître, au jour d'aujourd'hui.

Et c'est à partir de ces éléments très précis que ceux qui sont convaincus de l'inéluctabilité de la survenue de la décroissance développent leur raisonnement. Nous voyons donc bien que le credo de la décroissance bénéficie d'un véritable appui factuel, contrairement au credo de la croissance, qui ne se base que sur des espoirs pieux.

36. **Question :** Pouvez-vous préciser un peu plus pourquoi vous dites que cette croyance croissanciste relève de la religion, plutôt que d'une conviction raisonnable et argumentée ?

Réponse : J'ai déjà répondu à cette question, mais, puisque vous m'y invitez, je vais approfondir le sujet. Il y a deux raisons principales.

Tout d'abord, il y a ce dont je viens de parler, c'est à dire la nature de leur credo. Lorsque nous posons aux croissancistes la question : « *Mais est-ce que vous êtes vraiment sûr que la croissance va durer ?* » leurs réponses se basent immanquablement sur de simples ressentis, ce qui est contraire aux lois fondamentales du débat, celui-ci perdant dès lors l'essentiel de sa pertinence et se terminant généralement par une fin de non-recevoir du style : « *Et puis c'est comme ça, parce que ça a toujours été comme ça, que l'Homme a toujours progressé* ». Ce refus de l'argumentation factuelle est naturellement sous-tendu par la conviction inébranlable qu'il n'est pas besoin d'argumenter lorsqu'une chose est évidente.

La deuxième raison est que, les rares fois où ils acceptent de débattre sur les faits, ils ne se basent que sur des éléments *mineurs*. Refusant les macro-constatations, ils se retranchent sur des micro-constatations, c'est à dire des expériences de laboratoire. Par exemple, lorsque nous évoquons le déclin de l'aviation liée à la fin du kérosène, ils nous opposent le *Solar Impulse,* ce petit avion solaire expérimental qui a réalisé un certain nombre de kilomètres en l'air et qui est parvenu à faire un voyage autour de la Terre en six mois. Et ils nous disent alors : « *Vous voyez, il y a bien un avion solaire qui vole, donc il n'y a pas de raison pour que, bientôt, toute la flotte du monde entier de gros porteurs ne vole pas à l'énergie solaire* ».

Lorsque nous pronostiquons le déclin des transports routiers pour cause de fin du gas-oil, ils nous opposent la propagande pour la voiture électrique et à partir de là ils nous disent : « *Eh bien, il n'y a pas de raison pour que demain on ne puisse pas fabriquer des semi-remorques de 60 tonnes qui feront Moscou-Madrid d'une seule traite avec une batterie, sans avoir à la recharger* ».

37. **Question :** Au plan politique existe-t'il, selon vous, une identité parfaite entre ce qu'on appelle les néolibéraux et ces adorateurs de la croissance ? Sont-ils les seuls à prôner et croire fermement aux vertus de la sacro-sainte croissance ?

Réponse : Bien sûr que non ! Ils ne sont pas les seuls, mais il y a une schématisation dans les idées, notamment chez les gens de gauche et les objecteurs de croissance qui disent : « *Les libéraux sont croissants. Donc tous les croissants sont libéraux* ». C'est un syllogisme faux. D'abord il y manque une prémisse, et ensuite il s'avère que beaucoup de non libéraux sont également croissants, même s'ils font parfois semblant de ne pas l'être. Le meilleur exemple que je pourrais citer est celui du parti le plus contestataire de la politique économique de tous les gouvernements successifs depuis ces dernières années, à savoir *La France Insoumise*. Ce parti de gauche, qui se prétend par moment non-croissant, est un modèle de duplicité dans ce domaine. Poursuivant des objectifs purement politiciens, ce parti a développé un outil marketing annexe dénommé *éco-socialisme* grâce auquel il a pu attirer une partie de la frange des *décroissants volontaires* dans son giron électoral. C'est ainsi que, lors des élections législatives anticipées de juillet 2024, les mouvements décroissants volontaires ont unanimement appelé à voter pour lui. Mais la réalité de l'engagement décroissant de la France Insoumise est tout autre car, en consultant en détail son programme dénommé l'*Avenir en commun*, nous constatons que ce parti soi-disant anti-libéral, se révèle tout aussi fermement croissant dans ses options économiques.

En conclusion, si nous balayons tout l'éventail politique de la droite vers la gauche et de l'extrême droite vers l'extrême gauche, nous sommes bien obligés de constater que la croissance n'a pas de frontière idéologique, et que tous les partis politiciens y adhèrent sans restriction aucune. Même le NPA (Nouveau Parti anticapitaliste, dérivé de la Ligue Communiste Révolutionnaire d'obédience trotskiste) refuse de se dire décroissant ou de prôner un tant soit peu une diminution de la production économique. Ceci est d'ailleurs parfaitement logique puisque nous avons vu tout à l'heure que l'homme de la rue croit de façon religieuse en la croissance, et que cette conviction se retrouve à l'identique au sein de l'ensemble des partis politiques censés le représenter dans le cadre du système oligocratique actuel.

> 38. **Question :** Au final, que reprochez-vous le plus à ces croissancistes ?

Question : Je ne leur reproche rien du tout. Pour le coup, je suis même beaucoup plus tolérant envers eux qu'envers les écologistes à qui, vous l'avez constaté, je fais des procès répétés et sans complaisance. Je ne pense pas une seule seconde - n'en déplaise à Monsieur Serge Latouche et à ses disciples - que leur subconscient soit manipulé de quelque façon que ce soit. Je ne crois pas un seul instant à la théorie de la *colonisation de l'imaginaire*, mais je suis convaincu, au contraire, que les gens ont tout à fait conscience de vivre dans une société basée sur la croissance et qu'ils y adhèrent en toute lucidité et en pleine responsabilité.

Bien plus, je respecte le discours mettant en avant tout ce que la croissance a apporté depuis cinquante ou soixante ans et les nombreuses modifications positives qu'elle a introduite dans les modes de vie. Manifestement, les croissancistes sont inquiets à l'éventualité d'un avenir proche pouvant prendre la forme d'un déclin industriel, c'est à dire d'une diminution de l'offre de biens et services, ils ne le souhaitent pas, le redoutent même, et, dans la mesure où j'ai un très grand respect pour la liberté d'opinion, je leur reconnais le droit de penser ainsi. Je ne sens pas fondé à le leur reprocher, même si je constate qu'ils sont mus par une croyance religieuse qui les soutient moralement et leur débite l'évangile radieux de la croissance qui dure toujours……

Leur faire un procès équivaudrait à faire un procès aux catholiques, aux bouddhistes, aux islamistes, et, finalement, à toute la pensée humaine depuis le début de l'Humanité. C'est largement au-dessus de mes forces et une telle entreprise me semblerait, par ailleurs, bien présomptueuse.

> 39. **Question :** Vous vous définissez comme un athée constructiviste. Pourquoi ce terme un peu barbare, et son corollaire de *résilient politique* ?

Réponse : Je suis athée parce que je ne crois pas en la *durabilité de la croissance*, idée pouvant être considérée comme une religion. Mais je précise bien *je ne crois pas* et non pas *je doute*. Celui qui doute, ou, à tout le moins, attend l'exposition de preuves tangibles pour se mettre à croire, est un agnostique. Celui qui n'est pas dans la recherche de la confirmation d'un doute est un athée. Le distinguo est très clair et, dans la situation de confusion des idées qui règne actuellement sur le sujet, il est important de le préciser.

Constructiviste, pourquoi ? Parce que, compte tenu de cette non croyance, je suis dans une démarche de construction d'un système socio-politique qui va pouvoir s'adapter à cette situation de décroissance inéluctable. Quant au terme *résilient*, c'est tout simplement la traduction politique de cette position. La résilience est la capacité d'une organisation ou d'un être humain à s'adapter à un choc, en l'occurrence nous parlons du choc que va provoquer la décroissance de notre système industriel liée à la diminution inéluctable de l'offre énergétique et minérale. Le système politique actuellement en vigueur et qui perdure depuis environ deux cents ans afin d'accompagner la croissance industrielle, va ainsi se trouver privé de ses fondements, de ses piliers, et probablement s'effondrer.

Or ce choc économique provoqué par la décroissance inéluctable va lui-même engendrer un choc politique dans la mesure où il est évident que l'organisation sociétale mise en place depuis la révolution industrielle n'avait d'autre objectif que d'optimiser le développement de la croissance. Nous voyons donc bien que la démarche consistant à imaginer un système politique d'accompagnement de la décroissance est une démarche éminemment résiliente.

40. **Question :** De ce seul point vue, consentiriez-vous à accepter l'étiquette d'objecteur de croissance, voire celle de décroissant ?

Réponse : Objecteur de croissance, certainement pas ! Les objecteurs de croissance se considèrent fondés à contester la croissance, à s'opposer à elle, à faire écran de leur corps, voire à engager des actions coercitives parfois à la limite du terrorisme, pour faire en sorte que cette démarche croissante de la société ne puisse pas continuer. Je ne partage pas cette position et, comme je viens de le dire, je ne me sens pas autorisé à critiquer cette volonté de croissance de la majorité de mes contemporains. Je considère même, comme un certain nombre de biologistes, qu'il est dans la nature humaine d'apporter son adhésion à toute tendance de l'organisation socio-économique de la collectivité pour aller vers toujours plus de croissance.

Mais au-delà du débat sur la notion de *nature humaine*, ce fait est, en tout cas, une constatation objective de l'histoire.

Je répète que je ne partage absolument pas l'idée notamment développée par Serge Latouche et Paul Ariès de la robotisation des esprits par une oligarchie pro-croissance, qui nous obligerait, contre notre volonté intérieure, à consommer et à croître. Je pense, au contraire, que l'individu de base, autant que l'élitaire éclairé, est tout à fait d'accord avec la croissance, qu'il la souhaite, et que, objectivement, il est satisfait de tous les éléments positifs qu'elle lui apporte.

Par ailleurs, je constate que notre société, malgré toutes les critiques que je lui adresse, notamment son insuffisance de respect pour la liberté individuelle, sa carence à établir l'égalité entre les individus et ses difficultés à mettre en place des politiques de solidarité, laisse quand même à chaque individu la possibilité de choisir son mode de vie, pour peu qu'il le veuille vraiment.

Pour ma part, j'ai fait le choix d'être totalement autonome pour ce qui concerne mon alimentation légumière, que je produis dans mon jardin potager, et de ce point de vue au moins, j'ai la satisfaction de ne pas participer au processus industriel et croissant de l'agriculture. Il est donc loisible à chaque individu de se mettre en dehors de la croissance, sans pour autant engager de processus prosélyte pour s'y opposer.

Donc *objecteur de croissance*, non, mais *décroissant*, oui !

Décroissant dans la mesure où j'attribue une signification précise au terme décroissant, une signification qui colle avec la réalité de la décroissance, c'est-à-dire tout simplement sa définition du dictionnaire : *La décroissance est un état constaté de quelque chose qui diminue et qui décline.*

Décroissant dans la mesure où je crois à la non-durabilité de la croissance, à la survenue de la décroissance industrielle, à la diminution et au déclin de la civilisation industrielle, oui, j'accepte l'étiquette de décroissant.

41. **Question :** Que répondez-vous à ceux qui vous reprochent de prôner la décroissance *subie* ?

Réponse : Je leur réponds que l'homme subit toutes les contingences de la nature depuis qu'il est sur la Terre, c'est-à-dire depuis environ trois millions d'années. L'homme subit le lever et le coucher du soleil, il subit les saisons, il subit sa naissance, sa décroissance physique et mentale, et, enfin, il subit sa mort. Donc, il me paraît procéder d'un incroyable péché d'orgueil que de penser que l'homme va être capable de ne pas subir la conséquence de la déplétion des ressources naturelles, dont l'abondance initiale a permis le développement de la civilisation industrielle. Il me paraît également procéder du même péché d'orgueil de penser que l'homme va être capable de raisonner différemment de la façon dont il l'a fait depuis quatre millions d'années, et, pour la première fois dans son histoire, de penser *a priori* un fonctionnement en fonction d'une projection qu'il fait de son futur.

La principale qualité de l'homme, c'est sa *capacité d'adaptation*, pas sa capacité de prévision. C'est la nature qui impose à l'homme ses évolutions et non le contraire. Nous avons parlé du climat qui a autrefois été plus chaud qu'aujourd'hui, mais il a été aussi plus froid. Il y a eu des migrations, et l'homme s'est adapté. C'est cela qui a fait l'évolution et la richesse des civilisations. Le fait de *subir* une évolution naturelle n'est pas un problème, mais une chance et la prochaine évolution programmée, c'est celle de l'adaptation à la diminution des ressources naturelles finies. La fabuleuse capacité d'adaptation de l'homme va forcément resurgir avec toute sa puissance lorsqu'il se trouvera confronté aux réalités, et de ce point de vue je considère que cette décroissance subie et inéluctable est une vraie chance. Elle va notamment recréer et stimuler la responsabilité individuelle, qui paradoxalement durant ces dernières dizaines d'années de la civilisation industrielle, a été singulièrement mise sous le boisseau.

42. **Question :** Vous avez critiqué le GIEC à de nombreuses reprises, par écrit et par oral. Que répondez-vous à ceux qui vous soupçonnent, en doutant du réchauffement climatique, de faire le jeu des lobbies pétroliers ?

Réponse : Je réponds, en souriant, que les pétroliers n'ont absolument rien à craindre du GIEC. Les pétroliers vendront leur pétrole - ils en sont eux-mêmes convaincus - sans aucun problème, jusqu'à la dernière goutte, et toujours de plus en plus cher au fur et à mesure que les réserves diminueront. On ne voit donc vraiment pas comment le GIEC ou quiconque pourrait empêcher les pétroliers de continuer à exercer leur métier d'extraction du pétrole du sous-sol. D'ailleurs, dans les conclusions des rapports du GIEC on ne trouve absolument rien qui vise à la déchéance ou à l'éradication des pétroliers. Et c'est bien là précisément le ressort du mécanisme manipulatoire du GIEC, c'est que les gens pensent cela sans que ce soit le moins du monde énoncé comme tel. Si le GIEC représentait un danger pour l'oligarchie pétrolière, c'est à dire pour l'oligarchie industrielle et financière (n'oublions pas que tous ces gens sont identiques et appartiennent à la même famille), il n'aurait jamais pu se développer.

Pour s'en persuader, étudions en détail cette question : *qu'est-ce que le GIEC* ? C'est un organisme *onusien*, c'est à dire adoubé par les différents gouvernements des pays développés, ces gouvernements étant eux-mêmes des émanations des oligarchies économiques et financières. Donc, il est bien évident que le GIEC ne porte pas, et ne peut pas porter, ombrage, ne serait-ce que par sa substantifique moelle, à l'oligarchie économico-industrialo-financière de la planète. Soyez certain que les pétroliers vont continuer à extraire le pétrole et que les raffineries vont continuer à livrer leurs sous-produits aux particuliers et aux entreprises qui se feront un plaisir de les acheter, tant qu'il en restera encore quelques gouttes dans l'écorce terrestre.

Non, les pétroliers n'ont besoin de l'appui de personne, car ils n'ont aucun véritable ennemi et surtout pas le GIEC, dont le réel objectif est de permettre au capitalisme de développer un secteur supplémentaire, ce fameux secteur de la *décarbonisation*, dont la vocation est d'installer en parallèle du secteur économique de fabrication des produits issus du pétrole financé par l'argent privé, un deuxième secteur géré par d'autres capitalistes et consistant à fabriquer des dispositifs de décarbonisation ou de production d'énergie non rentable, financé avec de l'argent public, c'est à dire issu de l'impôt prélevé sur les contribuables.

Au final, c'est le consommateur qui se retrouve totalement piégé puisque, par la grâce du GIEC, il devra payer deux fois le même produit, une fois avec son revenu net d'impôt et une deuxième fois avec des taxes issues de son revenu brut. Cette manipulation qui est évidente lorsqu'on analyse les rouages du GIEC, de l'ONU et du monde de la finance, n'apparaît pas comme telle aux yeux du grand public qui pense que le GIEC est un organisme angélique, distillant la bonne parole du haut de son piédestal, et s'offrant en martyr, tel un nouveau Che Guevara, face à l'armée impérialiste des pétroliers.

43. **Question :** Mais pourtant l'opinion publique s'inquiète pour le climat, et cette inquiétude est reprise par tous les médias. Alors que faut-il en penser ?

Réponse : Ce que j'en pense, personnellement, c'est qu'il conviendrait d'arrêter purement et simplement le débat sur le climat ! Les médias en parlent beaucoup trop, et dans le seul objectif de faire de l'audience. Les conversations populaires sur le temps qu'il fait, le temps qu'il a fait et le temps qu'il fera constituent un sujet vieux comme le monde. Les inquiétudes sur le climat sont également des préoccupations que l'homme ancien voire préhistorique a déjà bien connu. On se souvient de la peur de l'an 1000, on se souvient également que, lorsque le premier satellite artificiel Spoutnik a été lancé, cet événement s'était invité dans la conversation quotidienne sur le climat avec l'expression : *Ils sont en train de nous détraquer le climat avec tout ce qu'ils envoient dans le ciel.*

Aujourd'hui, une simple chute de neige malencontreuse, une averse impromptue, un débordement de rivière soudain, autant de phénomènes climatiques habituels qui ont toujours existé, font la *Une* des journaux. Le climat est un produit qui se vend bien et le spectateur de la *société du spectacle* moderne se passionne, s'inquiète et s'émeut de ses caprices, pour le plus grand profit des marchands d'espaces publicitaires. Bien plus, ce spectateur considère qu'il dispose d'un outil tout-puissant – l'*État* - qui est désormais en capacité d'intervenir sur son fonctionnement et de le domestiquer afin de le rendre compatible avec un mode de vie *civilisé*. De fait, ce rapport au climat est à rapprocher du comportement citoyen de la revendication sociale. Il est, comme ce dernier, destiné à obtenir de l'*Etat* quelque chose qu'on souhaite mais que l'on ne peut obtenir soi-même, ou à lui demander de légiférer pour éliminer une gêne de la vie quotidienne. Par ailleurs, j'y retrouve également cette analogie avec ce que je dénomme *le péché d'orgueil,* consistant à considérer que l'homme est parvenu à s'élever au-dessus de la nature, qu'il peut influencer ses éléments constitutifs, et que la science, la technique, voire le pouvoir politique, sont en mesure de modifier l'enchaînement des phénomènes naturels.

44. **Question :** Mais qu'entendez-vous réellement par *péché d'orgueil* en ce qui concerne le climat?

Réponse : Dans cette affaire, je pense que l'homme va au-delà de ses compétences. J'ai parlé des limites des ressources naturelles, auxquelles nous allons bientôt être confrontés, mais il faudrait aussi que l'homme prenne conscience qu'il a des limites intellectuelles, et des limites scientifiques quant à sa compréhension de l'organisation de l'univers. Comme je ne cesse de le répéter, la terre a connu des épisodes beaucoup plus chauds et d'autres beaucoup plus froids qu'actuellement, il y a eu des changements de végétations, des modifications de la biodiversité, ainsi que six extinctions massives des espèces. Cette insupportable prétention que l'homme affiche aujourd'hui, à vouloir *légiférer* sur le climat, me paraît procéder d'une ambition mégalomaniaque, et c'est pour cela que je la qualifie de *péché d'orgueil.*

Michael Griffin, le patron de la NASA, disait en 2007 : « *Je suis intimement persuadé, je suis convaincu qu'il y a un réchauffement de la terre depuis un certain nombre d'années, mais je ne suis pas convaincu du tout que l'Homme doive faire quelque chose contre ça* ». Par cette déclaration, il signifiait que l'évolution du climat est une donnée de base de l'histoire cosmique et qu'elle est indépendante de la volonté humaine. Que la terre se réchauffe, que ce réchauffement soit bénéfique ou problématique pour la vie sur terre, toutes ces données ont déjà été présentes par le passé. Elles ont généré autant d'événements qui, eux même, ont stimulé à tous les instants l'évolution de l'humanité et cette extraordinaire *capacité adaptative* de l'homme. Et je pense qu'il faut plutôt miser sur cette faculté spécifique, plutôt que sur sa supposée capacité prévisionniste qui n'a encore jamais été vérifiée par l'histoire. En effet, nous n'avons pas d'exemple que l'homme ayant prévu, imaginé, ou pronostiqué qu'il allait advenir tel ou tel événement, ait su mettre en place un dispositif à l'échelon mondial pour que cet événement ne survienne pas. C'est une vue de l'esprit qui se fonde sur une croyance aveugle en la science. Cette position techno-scientiste, dont nous voyons aujourd'hui les excès apparaître avec les délires de la *géo-ingénierie*, me paraît beaucoup plus aventuriste que la position de simple bon sens qui consiste à faire confiance à la faculté adaptative de l'être humain, quelles que soient les circonstances que l'univers va lui imposer.

45. **Question :** Comment vous situez vous sur l'échiquier politique : plutôt à gauche, à droite ou au centre ?

Réponse : Je pense qu'il faut dépasser le clivage droite/gauche ! En disant cela, j'ai conscience d'énoncer un énorme lieu commun et un parfait poncif politique en relayant un discours standardisé et rabâché par de nombreux mouvements alternatifs, à l'exception toutefois notoire de ceux proches de l'ultra-gauche gauche (dont les objecteurs de croissance, par exemple), affirmant que celui qui se prétend *ni de droite ni de gauche*, est forcément de droite.

Mais nous sommes aujourd'hui à la croisée des chemins. La déplétion des ressources fossiles et l'implosion du système monétaire international nous menacent. L'inéluctabilité de ces deux survenues conjointes va probablement être confirmée, et il y a donc une réelle nécessité de repenser la politique de façon complètement différente. Le clivage droite/gauche est devenu aujourd'hui une affaire de sectarisme. Les gens de droite ne veulent pas entendre ce que disent les gens de gauche, et, réciproquement, les gens de gauche ne veulent pas entendre ce que disent les gens de droite. Peu importe la nature ou la valeur des idées, elles sont systématiquement rejetées si elles émanent du camp adverse. Ce comportement est tout à fait comparable à celui des supporters des clubs de football, qui insultent l'adversaire même s'il joue mieux que leur équipe favorite. Cette comparaison n'est même pas caricaturale puisque la politique, de par ses manifestations et la façon dont elle s'exerce aujourd'hui, ressemble de très près à une compétition sportive, avec des électeurs dont la motivation n'a rien à envier à celle des fans des clubs de foot.

En réalité, il existe des idées intéressantes dans tous les camps et la synthèse est parfois possible pour le bien de l'histoire. Celle-ci nous en a d'ailleurs fourni plusieurs exemples. J'en citerais deux : la *NEP* et le *New Deal*. La NEP, Nouvelle Économie Politique, a été mise en place à partir de 1922 en URSS par Lénine et Trotsky, qui après avoir collectivisé l'ensemble de l'économie et de l'agriculture, se sont rendus compte que le tout-collectivisme débouchait sur une impasse et engendrait des conséquences catastrophiques. C'est ainsi que, parallèlement au collectivisme, ils ont favorisé l'émergence d'un large secteur autonome d'économie libérale. Dans le camp opposé, aux Etats-Unis, le New Deal a été instauré par le Président Roosevelt en 1933, alors que ce pays de libre entreprise totale et sans frein, symbolisée par le fameux slogan *laisser faire, laisser passer,* se trouvait confronté à la grande crise de 1929. C'est ainsi que le redressement de l'économie américaine passa par la mise en place d'une structure étatique et collective pour contrebalancer et régler le déséquilibre généré par le système de liberté économique débridée.

Il existe donc des dispositifs de sortie de crise historiquement validés, qui peuvent émaner d'une logique économique de droite dans un pays plutôt à gauche, et d'autres qui peuvent émaner d'une logique de gauche dans un pays plutôt à droite. Il s'agit alors de faire une synthèse de ce qu'il y a d'intéressant dans l'une et l'autre des deux doctrines. Mais l'objectif ne doit pas être de rechercher un compromis de type politicien, qui, comme on le voit aujourd'hui à travers les différentes alliances marchandées entre partis, vise à donner satisfaction à la fois aux uns et aux autres dans le seul but d'obtenir un équilibre politique permettant de dégager une majorité électorale. Il convient, bien au contraire, de faire une synthèse économique des différentes visions de la façon dont une société doit s'organiser pour fonctionner efficacement, de prendre ce qu'il y a d'intéressant d'où que cela vienne, du libéralisme ou du collectivisme. C'est de cette façon que je définirais le fait de n'être ni de droite, ni de gauche et ni du centre.

46. **Question :** Quelle est votre conception de l'Etat, dans la société de demain, que vous imaginez forcément décroissante ?

Réponse : Ma conception de l'État part de l'hypothèse que ce dernier va nécessairement être remis en cause par le peuple, lorsque surviendra la décroissance inéluctable. L'État moderne, c'est-à-dire celui qui a été mis en place après les grandes révolutions du XVIIIème siècle dans presque tous les pays du monde, a basé tout son argumentaire, sa rhétorique et ses succès électoraux, sur le discours zélateur de la croissance et sa consubstantialité religieuse. Pour l'Etat moderne, c'est la croissance qui doit apporter la solution à tous les problèmes, et c'est donc vers la croissance qu'il faut aller. De ce fait, le peuple a pris l'habitude d'identifier l'existence de l'État à l'existence de la croissance. Mais je pense qu'à partir du moment où il sera avéré que la décroissance économique et le déclin industriel sont des événements à venir inéluctablement de par la raréfaction et la déplétion des ressources naturelles, à partir du moment où ce déclin deviendra patent, visible à l'œil nu et qu'aucune force ne sera en capacité d'y contrevenir, alors la crédibilité fondamentale de l'État risque fort de s'écrouler aux yeux du peuple, ou en sera, pour le moins, fortement ébranlée.

Les contours de cette remise en cause de l'État ne sont pas encore précisés puisque c'est un événement à survenir, mais ce sont précisément à eux que nous, résilients politiques, commençons à réfléchir. Et cette reconfiguration étatique, que nous pronostiquons, devrait s'articuler autour de deux grands axes principaux : le questionnement de la démocratie et celui de son financement.

Le questionnement de la démocratie concerne au premier chef le système représentatif, qui est celui qui prévaut dans la quasi-totalité des systèmes politiques issus des révolutions du 18ème siècle. La *démocratie représentative*, tout le monde le sait, consiste à faire élire par le peuple des représentants qui seront ensuite chargés de siéger en son nom dans un cénacle restreint, et de prendre des décisions pour lui. Cette démocratie représentative aujourd'hui montre ses limites et sa perversité dans la mesure où il s'avère que les représentants ne représentent pas les gens qui les ont élus, mais une caste oligarchique économique et financière. Cette remise en cause de la démocratie représentative nous amène à proposer de mettre en place un vaste *pouvoir citoyen*, qui constitue d'ailleurs le socle théorique de la véritable démocratie telle que la définissait Sieyès dans son célèbre discours de septembre 1789.

La clef de voûte de ce pouvoir citoyen doit être l'appareil législatif, à travers lequel s'exprime le pouvoir suprême et à travers lequel le peuple doit pouvoir exprimer pleinement sa voix. De ce fait, et en accord avec l'idéal révolutionnaire de 1789, nous pensons que c'est au peuple, et à lui seul de faire les lois, ce qui induit naturellement une privation pour l'Etat du pouvoir législatif, que nous nommons plus courtoisement *délestage*. Ce délestage signifie, en termes clairs, que l'Etat doit être dépossédé de son rôle législatif pour se consacrer exclusivement à la fonction exécutive.

Cette délestage, d'une certaine manière, réglerait également le problème de la séparation des pouvoirs qui, dans l'Etat moderne, n'est qu'un vaste écran de fumée derrière lequel s'abrite une caste unique agissant indistinctement dans les deux domaines (législatif et exécutif). Ce pouvoir législatif, assurée ainsi directement par le peuple, pourrait s'exercer par le biais d'Assemblées Citoyennes Locales nommées *agoras* ou *ACL*, au sein desquelles les lois seraient imaginées, élaborées, amendées, puis votées directement au suffrage universel.

Le deuxième axe fondamental, c'est le financement de l'État. Nous sommes bien conscients que, pour fonctionner et assurer les missions dont nous allons sans doute parler tout à l'heure, l'État et ses services auront besoin d'être financés. Le mode de financement qui s'est imposé depuis les grandes révolutions du 18ème siècle, c'est l'impôt. L'impôt sous toutes ses formes : impôt sur le revenu, impôt sur les sociétés, taxes à la consommation, mais également contributions sociales diverses qui sont, ne l'oublions pas, de nature fiscale puisque prélevées par la coercition. Or il est un fait que ce type de financement qui s'est installé, et qui, aujourd'hui n'est pratiquement pas contesté, n'est pas formellement inscrit dans la Constitution. Autrement dit l'impôt, tel qu'il est pratiqué aujourd'hui, ne possède pas de justification constitutionnelle incontestable. Bien au contraire, la Constitution, à travers l'article 14 de la Déclaration des Droits de l'Homme et du Citoyen de 1789, précise que *l'impôt doit être librement consenti* par le peuple. Une lecture *stricto sensu* de cet article signifierait tout simplement que si un citoyen refuse de consentir à l'impôt, il n'est pas tenu de le payer. Or, il se trouve que l'impôt bénéficie, par le truchement des codes juridiques et notamment du Code général des Impôts (CGI), de mesures coercitives le préservant de cette éventualité puisque que tout individu qui refuse de s'en acquitter est tenu d'en rendre compte devant la justice. Cette législation est manifestement en contradiction avec la Constitution, mais le problème n'est jamais soulevé par quiconque.

Au-delà de cette faille juridique, il y a également le problème de l'efficacité pratique du financement des services publics par une bureaucratie fiscale dont la lourdeur implique un coût important, au point que certains impôts sont même réputés *non rentables*. Une estimation globale, sur la base d'un coût de collecte moyen à 2% pour les 800 milliards de prélèvements obligatoires totaux, conduit au chiffre astronomique de 16 milliards d'euros, ce qui constitue grosso modo l'équivalent du budget de la sécurité intérieure.

Nous proposerons donc de remplacer cet impôt coercitif par un financement issu des bénéfices d'activités économiques et industrielles gérées directement par l'Etat. Un grand secteur public marchand servirait ainsi à financer un grand secteur public gratuit au service du peuple tout entier, contrairement à un trust capitaliste qui, lui, ne finance que ses propres actionnaires.

Ces deux axes fondamentaux constituent la base de notre remise en cause de l'État.

47. **Question :** Comment voyez-vous, de manière concrète, ce délestage du pouvoir législatif ?

Réponse : Comme je viens de le dire - mais il serait prématuré de rentrer dans le détail de dispositifs encore à étudier et à préciser - l'idée générale est bien de supprimer l'Assemblée Nationale et toutes les assemblées représentatives (le Sénat, les Conseils régionaux, départementaux, ou autres). Ces instances seraient remplacées par des *Assemblées Citoyennes Locales* faisant également office de forums d'expression permanents. L'idée est que, lorsque des questions, des souhaits, des propositions législatives germent dans la tête de tel ou tel citoyen, un lieu existe afin que, à chaque niveau de territorialité, ce citoyen puisse venir s'exprimer, qu'il y ait ensuite une remontée de compte rendu, et que des suggestions qui se retrouveraient à l'identique dans un certain nombre de régions puissent arriver au sommet de cette pyramide et faire l'objet d'une proposition par le biais d'un dispositif centralisateur.

À partir de là, ces propositions élaborées par l'initiative populaire, c'est à dire sans être issues de gens spécialement élus ni payés pour le faire, seraient ensuite soumises tout simplement au suffrage universel. Il n'y a là rien de totalement révolutionnaire puisque le référendum d'initiative populaire (RIP) est une idée déjà débattue dans presque tous les partis politiques. Dans certains pays, notamment en Suisse, nombre de lois sont élaborées et votées de cette façon. Attention, nous précisons bien que nous ne voulons pas de propositions de lois élaborées par des représentants et ensuite votées par le peuple, mais qu'il est impératif qu'il y ait un véritable aller-retour vers le peuple, c'est-à-dire que les propositions de lois soient imaginées par lui, débattues et amendées par lui et lui seul, et ensuite que la votation redescendant vers le bas soit effectuée par la voie du suffrage universel. Voilà comment nous pouvons, très succinctement, décrire un schéma du *pouvoir citoyen*.

> 48. **Question :** Mais avec un système tel que celui que vous proposez, les lois seraient beaucoup plus difficiles à voter, alors qu'il faut pouvoir adapter rapidement la loi à l'évolution de la société.

Réponse : Mais non. Pas forcément ! Cette idée qu'il faut absolument voter des lois tous les jours parce qu'il y a de nombreux problèmes à régler, est une dérive qui nous amène aujourd'hui à naviguer au milieu de 140 000 lois, alors que sous Charlemagne nous n'en avions que 100.

Dans cette affaire il semble que ce soit l'organe qui crée la fonction au lieu que ce soit la fonction qui crée l'organe. A partir du moment où nous disposons d'*usines à lois*, qui s'appellent Assemblée Nationale, gouvernement, ministres, préfets, maires, etc., il en découle mécaniquement que nous fabriquons des lois essentiellement pour que ces usines puissent *tourner*, ne serait-ce que pour satisfaire à leur propre rentabilité.

Nous assistons de fait à un *emballement* qui n'est pas forcément rendu nécessaire par les impératifs du contexte social, et nous constatons, par surcroît, que la plupart des lois sont votées parce qu'il existe un groupe de pression catégoriel qui y trouve son intérêt afin d'améliorer ou de rendre plus facile l'exercice de son activité. La loi se réduit ainsi à l'expression ou à l'addition de différentes revendications sectorielles. L'idée selon laquelle il est nécessaire de légiférer jour et nuit pour que les choses aillent mieux ne me semble pas du tout évidente. Par ailleurs, le fait que les lois supplémentaires ou modificatives soient plus difficiles à être votées par ce type de processus législatif, et qu'on ne puisse pas modifier une loi aussi facilement qu'on le fait actuellement, me paraît être plutôt une bonne chose pour la démocratie.

49. **Question :** Concernant la notion générique d'impôt, y incluez-vous les différentes formes de taxes, de contributions et cotisations obligatoires ?

Réponse : Oui, bien sûr ! Quand nous parlons d'impôt, nous intégrons tout ce qui s'appelle *prélèvement obligatoire*, et qui, de toute évidence, présentent un caractère d'impôt dans la mesure où son paiement est coercitif. Il est certain que l'État cherche à minimiser l'importance de l'impôt par ce fractionnement en différentes appellations distinctes, mais qui, en réalité, présentent toutes un caractère d'obligation fiscale. Dans l'esprit commun, l'impôt c'est d'abord et surtout l'impôt sur le revenu des personnes physique (IRPP), alors que ce dernier ne représente que 7% du montant des prélèvements obligatoires. Les autres 83% sont constitués par l'impôt sur les sociétés, la taxe sur la valeur ajoutée (TVA), la taxe sur les produits énergétiques (TICPE), auquel il convient d'ajouter l'impôt local avec sa trilogie de taxes : foncière, habitation et professionnelle, et, enfin, l'éventail de tous les prélèvements sociaux : maladie, chômage, retraite, formation professionnelle, transports, etc.

L'ensemble de tous ces prélèvements obligatoires présente manifestement un caractère d'impôt. Il faut absolument clarifier les choses dans l'esprit du public, afin qu'il comprenne bien que, lorsqu'un travailleur indépendant paye une cotisation maladie, c'est un impôt, et que quand un salarié paye une cotisation maladie, c'est également un impôt. Pourquoi ? Tout simplement parce que ce paiement est obligatoire, et que s'il n'était pas obligatoire le salarié ou le travailleur indépendant pourrait choisir de souscrire à une assurance privée. La totalité de cet impôt qui, d'un point de vue technique, devrait être requalifié en *prélèvement obligatoire*, atteint, en France, près de 50 % du produit industriel brut (PIB). Il représente donc une ponction extrêmement importante, équivalente à la moitié de la production de la nation. Voilà ce que nous mettons dans l'*impôt*, afin que les choses soient bien claires par la suite.

50. **Question :** Quelles sont les critères et les activités concernées par le *secteur public marchand* dont les bénéfices, si nous avons bien compris, devraient financer les *services publics gratuits* ?

Réponse : C'est effectivement ce que nous disons. Cette masse financière représentée par l'addition de tous ces prélèvements obligatoires, serait remplacée par une masse financière constituée par l'ensemble des bénéfices consolidés des établissements publics marchands. Quant au critère permettant de déterminer les secteurs économiques devant être attribués à ce grand secteur public marchand, c'est tout simplement un critère que nous qualifions de *subsidiarité économique* qui devra nous guider. Cela signifie que chaque fois qu'une activité sera déterminée démocratiquement comme étant plus commode à gérer par un mode centralisé et collectif que par une addition d'efforts individuels, nous conviendrons alors que cette activité doit être nationalisée.

Dans les faits, et très concrètement, nous comptons nous appuyer sur le répertoire du RECME. Cet acronyme un peu barbare désigne en fait le *Répertoire des Entreprise Contrôlées Majoritairement par l'État*. Il faut savoir qu'aujourd'hui, il y a environ 1 200 entreprises inscrites dans ce répertoire, que tout citoyen peut consulter sur le site de l'INSEE. Ces 1 200 entreprises sont majoritairement contrôlées par l'État, soit directement soit par le jeu de participations croisées au sein de filiales ou sous-filiales. Nous proposons, tout simplement, que l'État prenne la totalité des participations dans ces entreprises, et que ce secteur puisse être géré directement et en pleine responsabilité par son propriétaire unique, c'est à dire l'Etat. Cette liste regroupe, grosso modo, les grands secteurs de l'industrie lourde, la sidérurgie, la chimie, la pétrochimie, la construction aéronautique, navale, automobile, les transports maritimes, ferroviaires et aériens, l'énergie et l'industrie nucléaire, plus un certain nombre de services annexes. C'est donc la grosse entreprise à forte empreinte écologique et grande consommatrice de ressources naturelles qui est concernée par la nationalisation de ce que nous conviendrons de nommer le *secteur public marchand*.

> 51. **Question :** Ne sommes nous pas là dans un système de collectivisation généralisée de l'économie comparable à celui de l'ex-URSS ?

Réponse : Nous sommes effectivement dans une approche de collectivisation d'un certain nombre de secteurs, en application du principe de *subsidiarité économique* que je viens d'énoncer, et dans les limites bien précises du RECME. Mais on ne peut certainement pas parler d'une *collectivisation généralisée*. Et c'est même tout le contraire, puisque, à côté de ce secteur public marchand certes très important, le *secteur privé* serait rendu à sa liberté la plus complète. Au premier plan de cette nouvelle liberté accordée aux entreprises privées, nous plaçons la disparition de la fiscalité et de l'ensemble des contraintes administratives et réglementaires. Il s'agit de restaurer l'exercice d'une réelle liberté d'entreprendre pour chaque individu et de débarrasser l'entrepreneur potentiel des multiples obstacles qui existent aujourd'hui sur son chemin. Donc, collectivisation de certaines entreprises, oui, mais collectivisation généralisée, non. Et évidemment aucune comparaison avec l'URSS stalinienne qui avait étatisé l'*ensemble* de son économie.

> 52. **Question :** Que mettez-vous dans les services public gratuits et d'après quels critères déterminez vous que tel ou tel service public doit être gratuit ?

Réponse : Dans les services publics gratuits nous mettons bien entendu les fonctions dites *régaliennes* de l'État, et notamment la police, la justice, voire l'armée, ce domaine restant à étudier de façon plus précise. De ce point ce vue, nous n'établissons pas de différence avec le fonctionnement actuel. Mais nous y ajoutons un très large secteur de la gratuité qui comprend la santé, l'éducation, les transports urbains et péri-urbains, les autoroutes, les services funéraires, ainsi que l'énergie domestique et les (télé)communications dans la limite de quotas individuels à déterminer. Il s'agit là d'une *extension considérable de la gratuité*, chère à beaucoup de décroissants et que nous nous rejoignons donc sur ce point, en allant même au-delà de leurs préconisations. A propos de la santé, il convient de rappeler que, contrairement à une idée très répandue résultant d'une mauvaise lecture juridique, ce secteur n'est pas à proprement parler *gratuit* dans le dispositif actuel puisque les frais de santé ne font l'objet que de *remboursements*, plus ou moins complets et différenciés selon les individus, certaines personnes pouvant même se trouver exclues du dispositif. La seule gestion de ce capharnaüm bureaucratique coûte très cher, et n'a en fait pour seul objectif que de permette à une activité privée (la profession libérale médecine + pharmacie) d'être *couverte* par une activité publique. Nous souhaitons clarifier et régler ce mélange des genres. La médecine, pour nous, doit être un service public, rendu de façon totalement gratuite et de façon identique envers chaque citoyen.

> 53. **Question :** Mais, dans votre système, est-ce que vous voyez aussi la présence d'un service de santé privé ? Une telle activité serait-elle autorisée ?

Réponse : Bien entendu ! Et ce serait l'une des principales manifestations de la liberté retrouvée du secteur privé. Le fait que nous proposions un service gratuit universel de santé n'implique pas qu'il y ait un monopole de l'État dans ce domaine. Et à côté de ce service universel populaire gratuit, pourrait très bien coexister un secteur privé payant, onéreux, pouvant éventuellement être couvert par des assurances privées et individuelles.

> *54.* **Question :** Mais comment les bénéfices du secteur public marchand pourraient-ils être assez élevés pour financer cet immense service public gratuit ?

Réponse : Bien sûr, il n'est pas question pour nous de mettre en place un dispositif qui serait irréalisable d'un point de vue budgétaire. Nous avons donc fait des calculs, qui donnent des ordres de grandeur, afin de voir si ce que nous proposons tient du domaine de l'utopie complète ou présente une certaine crédibilité lorsqu'on met des chiffres en face des besoins. Voyons cela d'un peu plus près.

Nous avons chiffré le montant cumulé des bénéfices des entreprises du RECME, qui constituent grosso modo le secteur public marchand, augmentés du montant des cotisations sociales afférentes aux charges de personnel et des impositions diverses, et nous sommes arrivés à la somme de 270 milliards. Parallèlement, nous avons chiffré le coût de tous les services gratuits tels que nous les envisageons, à savoir la santé, l'éducation, les transports urbains et péri-urbains, les péages autoroutes, etc… Nous avons alors constaté que la somme de tous ces coûts était compatible avec le montant des bénéfices majorés du secteur marchand. Je ne vais pas renter dans les détails des chiffres, mais les tableaux de calculs sont à la disposition de ceux qui souhaiteraient les consulter. Il ne s'agit que de projections, mais ce qu'il faut retenir c'est que la totalité des coûts du secteur gratuit peuvent être compensés, en termes de masse financière, par les bénéfices escomptés du secteur public marchand.

55. **Question :** A côté de ce grand secteur public que vous envisagez, que resterait-il pour l'entreprise privée et comment devrait-elle fonctionner ?

Réponse : Il resterait tout le reste, et c'est énorme ! J'ai eu l'occasion de dire à plusieurs reprises que ce secteur public marchand était limité à un certain nombre d'entreprises et à certains secteurs. Donc tout le reste serait géré par l'initiative individuelle et privée. Sur le plan du fonctionnement de cette entreprise privée, il y aurait bien entendu des modifications extrêmement importantes, tenant principalement en quatre points :

Le premier point, c'est *l'extinction du salariat*. Il n'y aurait plus d'employeurs ni de salariés, mais uniquement des individus proposant des prestations ou des produits et échangeant entre eux sans avoir besoin d'un statut juridique quelconque. Karl Marx, d'ailleurs, avait pronostiqué la fin du salariat après l'avoir critiqué de façon très sévère. Il avait indiqué et démontré que le salariat était la base de l'exploitation de l'homme par l'homme, et c'est une des raisons pour lesquelles nous voulons le supprimer.

Le deuxième point c'est *l'extinction de toutes les contraintes spécifiques à l'entreprise*. Nous parlons bien entendu, des contraintes fiscales, administratives, juridiques, mais également de toutes les protections et empêchement liés aux professions réglementées. Tout cela disparaîtrait et l'activité professionnelle ne connaîtrait pas de limite réglementaire.

Le troisième point c'est l'établissement une identité parfaite entre l'individu et l'entreprise par *l'extinction de toutes les formes juridiques, et notamment de la personnalité morale*. Il n'y aurait donc plus de société anonyme, de société à responsabilité limitée, de société civile, de société coopérative, de société en commandite par actions, etc. Il existe actuellement des dizaines de formes juridiques toutes plus compliquées les unes que les autres, et bien entendu, toutes ces formes juridiques s'éteindraient d'elles-mêmes à partir du moment où *l'individu agissant,* tant dans le domaine domestique que dans le domaine de l'échange avec autrui, serait considéré comme agissant dans le champ et la sphère de son activité normale.

Le quatrième point c'est la *liberté du contrat*. Cette liberté est consubstantielle à la liberté totale d'activité et elle la concrétise. Les individus contracteraient librement entre eux, en décidant d'un échange de prestations ou de biens, sans qu'aucune disposition réglementaire ne puisse limiter leur faculté de contracter. Ces contrats seraient, bien entendu, garantis par la loi et, dans la mesure où leurs dispositions ne contreviendraient pas à la loi pénale, opposables en justice en cas de litige à l'occasion de leur exécution.

Voici donc les quatre points majeurs de modification du fonctionnement de l'entreprise privée, que nous, résilients politiques, proposons.

Concernant le salariat, qui reste un des points les plus politiquement sensibles, nous ajoutons une justification supplémentaire à son abolition, qui nous paraît particulièrement déterminante. Il s'agit du fait que le pouvoir politique a institué ce que nous pourrions appeler une *différenciation* de traitement social, fiscal et financier entre les salariés et les non-salariés. Il existe, en France, deux statuts juridiques possibles pour avoir le droit de travailler : le statut de salarié et le statut de travailleur indépendant. Je dirais même qu'il y a presque trois statuts puisque les fonctionnaires sont une catégorie spécifique de salariés bénéficiant de privilèges et droits sociaux particuliers. Il y a, en fait, trois façons d'avoir une activité professionnelle dans notre pays : être fonctionnaire, être salarié ou être travailleur indépendant. Les travailleurs indépendants sont au nombre trois millions, les salariés dix-huit millions et les fonctionnaires deux millions. Les salariés sont donc, d'un point de vue quantitatif, en majorité très importante. De fait, la loi a institué une sorte de dichotomie dans le traitement socio-fiscal entre les salariés et les non-salariés, c'est à dire que ce traitement peut être différencié alors que des situations sont identiques et que ce traitement peut être identique alors que des situations sont différenciées.

Je m'explique ! Voyons tout d'abord le cas du traitement différencié alors qu'il y a des situations identiques. L'exemple le plus flagrant est celui de la différence de traitement face au chômage. Le terme *chômage* désigne une situation dans laquelle un individu perd son activité professionnelle rémunératrice et rencontre de la difficulté pour la retrouver. Dans ce cas de figure, le travailleur non-salarié ne bénéficie d'aucune protection alors que le travailleur salarié bénéficie d'une indemnisation. Il y a donc là un traitement différencié alors qu'on a une situation identique.

À l'inverse, nous pouvons avoir un traitement identique alors que la situation est différenciée. Prenons le cas de l'impôt sur le revenu. Le revenu d'un travailleur non salarié est obtenu en contrepartie d'une prise de risque, et, souvent d'investissements financiers prélevés sur son patrimoine. Le revenu d'un salarié, ou à plus forte raison d'un fonctionnaire, est un revenu qui n'est pas conditionné, ni généré par une prise de risque, ni par aucun investissement financier, mais qui, au contraire, s'accompagne d'une sécurité mensuelle grâce aux salaires qui lui sont régulièrement servis, voire même d'une sécurité à vie pour les fonctionnaires. Nous avons donc une différence dans les conditions de l'obtention du revenu, qui n'est pas prise en compte par la loi fiscale. En d'autres termes, il y a une sorte d'injustice sociale à ponctionner selon le même barème des revenus obtenus avec une insécurité professionnelle et des revenus obtenus avec une sécurité de l'emploi. Il ne s'agit pas de juger le bien fondé de ces dispositions fiscales, mais tout simplement de pointer le fait qu'il y a quelque chose d'illogique, d'inexplicable, et, pour le moins d'inéquitable dans leur mise en oeuvre. La dénonciation de cette dichotomie constitue une raison supplémentaire qui justifie notre positionnement en faveur de l'abolition du salariat et qui vient compléter notre analyse sur le plan socio-politique.

> 56. **Question :** L'entreprise deviendrait donc une zone de non-droit où tout serait permis ? N'est pas un peu effrayant ?

Réponse : Mais non, pas du tout ! Quand je dis que toutes les barrières, toutes les limites doivent être levées, il ne s'agit que des limites liées à l'activité économique et professionnelle. Il est bien évident que les contrats devront respecter la loi générale et, au premier chef, celle relative au respect des biens et des personnes interdisant les nuisances objectivement mesurables envers autrui. Il n'est donc pas question d'imaginer que l'entreprise puisse être au-dessus de cette loi générale. En fait, il ne s'agit que d'abroger les lois actuelles qui handicapent l'exercice technique de l'entreprise, mais pas, bien entendu, les lois relatives aux relations des individus entre eux. Ces lois d'ailleurs seraient à revoir, mais c'est un autre débat.

57. **Question :** Comment voyez-vous l'exercice de la liberté individuelle face à cette nouvelle donne ?

Réponse : La liberté est présentée comme une valeur fondamentale dans la Constitution, mais elle y est affirmée en tant que *liberté* tout court, et non pas en tant que *liberté individuelle*. Le terme *liberté individuelle* n'est d'ailleurs jamais cité, ni dans la Constitution, ni dans la Déclaration des droits de l'homme et du citoyen. Nous constatons, de plus, que cette liberté individuelle a considérablement régressé depuis ces dernières années, tout particulièrement dans le domaine, très sensible politiquement, de la liberté d'expression. L'exercice de la liberté individuelle, que ce soit dans le cadre de l'expression écrite, de l'expression orale ou dans le comportement individuel, a diminué de façon corrélative au développement de la société industrielle.

Par ailleurs, et comme je l'ai déjà dit précédemment, ce développement de la société industrielle a également entraîné un accroissement très important du nombre de lois. Ces lois innombrables constituent, naturellement, autant d'obstacles à la liberté individuelle. En conséquence, et parallèlement à l'instauration de cet équilibre entre le secteur public et l'entreprise privée, nous considérons que l'individu, dans l'exercice de sa vie privée, à travers son comportement, son opinion et ses écrits, devra bénéficier d'une liberté beaucoup plus large qu'aujourd'hui. De fait, cette liberté ne devrait être limitée que lorsque son exercice crée une nuisance *effective* envers autrui, c'est à dire *objectivement constatable et mesurable* avec les outils scientifiques et rationnels existants.

Mais pour ce qui concerne la question que vous posez, c'est-à-dire celle du champ de la liberté individuelle, il convient de déterminer au préalable, et de façon très précise, le cadre dans lequel elle s'exerce. Cela revient, en bref, à fixer ses limites. Car une constitution, c'est avant tout un texte qui a pour objectif de dessiner le contour des zones relatives à la collectivité par rapport à celles qui sont relatives à l'individu.

Par conséquent, le fait de réglementer et de réguler les rapports entre l'individu et la collectivité, c'est, d'une certaine façon, dire jusqu'où doit aller la liberté individuelle par rapport à l'ensemble des autres libertés collectives. Et je considère qu'en la matière, il faut se référer à la Déclaration des Droits de l'Homme et du Citoyen de 1789, qui dit clairement que la liberté individuelle doit s'arrêter à partir du moment où son exercice génère une nuisance pour autrui. Le problème c'est que, malheureusement, ni la Déclaration des Droits de l'Homme, ni la Constitution, ne définissent la nature et le contenu de cette nuisance, et qu'elles laissent à la loi seule, le soin de les définir. Or nous savons que la loi, dans le système législatif actuel, est une règle changeante qui peut varier du jour au lendemain, et être décrétée unilatéralement par de simples agents de l'État, indépendamment d'une volonté directement exprimée par le peuple. Par conséquent, et pour en revenir au centre de la question, toute l'affaire est d'arriver à définir de façon précise, et, je dirais, constitutionnelle, ce qu'est la *nuisance envers autrui*.

L'incapacité de la législation actuelle à définir très clairement cette notion de *nuisance* constitue, à mon sens, sa plus grosse lacune dans le domaine de la liberté individuelle. Je considère qu'il est de toute première importance qu'une définition explicite de la nuisance, sous-tendue par un principe clair, soit inscrite dans la Constitution elle-même, et non pas dans un code ou dans un texte de loi pouvant être modifié plus facilement au gré des majorités ponctuelles. Cette notion est si centrale, grave et fondatrice du corps social qu'il est nécessaire qu'elle soit coulée dans le marbre du texte constitutionnel. Cette nuisance doit être définie, elle doit l'être de façon objective, afin que nous puissions déterminer et mesurer de façon claire et sans ambiguïté ce qui est une nuisance et ce qui ne l'est pas. C'est ainsi que notre approche de la limite à la liberté individuelle vue sous l'angle de la nuisance objectivement mesurable, aura des répercussions très importantes sur la liberté d'opinion, de comportement, de la presse, de la parole, et, plus globalement sur l'exercice de la liberté politique.

> 58. **Question :** Pensez-vous qu'il soit nécessaire de réformer le système actuel de création monétaire ?

Réponse : Le système actuel de création monétaire est le paramètre essentiel qui permet au capitalisme d'exister, sous la forme que nous lui connaissons aujourd'hui, c'est-à-dire en tant que grand capitalisme oligopolistique articulé autour d'entreprises nationales et transnationales. Contrairement à l'analyse sommaire des marxistes traditionnels, l'essence du capitalisme n'est pas la *propriété privée des biens de production*, mais c'est bien le *système de création monétaire*. La propriété privée des biens de production, c'est l'atelier de l'artisan et la machine de la petite manufacture, or ce n'est pas cela le capitalisme ! Le capitalisme, c'est l'afflux financier démesuré et discriminatoire qui va permettre à une entreprise de devenir oligopolistique, et qui va lui fournir les armes nécessaires pour écraser la concurrence et exploiter l'individu au travail. Il y a réellement une confusion à dissiper, une distinction à bien cerner, entre l'entreprise individuelle et libérale, c'est à dire entre l'individu agissant qui utilise des biens de production pour assurer son activité, et le grand capitalisme qui ne peut s'exprimer et exister que grâce à la collecte de capitaux issus de la création monétaire débridée et des pratiques incontrôlées des banques (comme le fameux *quantitative easing*, par exemple).

C'est donc bien le système de création monétaire actuel, tel que nous le connaissons, qui permet au capitalisme d'exister. Le capitalisme n'est pas un état naturel de l'être humain, une sorte de penchant pervers de l'individu contre lequel un Etat vertueux devrait lutter en créant des lois. C'est, au contraire, un système artificiel créé de toutes pièces par l'Etat lui-même par le biais d'une législation *ad hoc*, dictée par des lobbies économiques détenant le pouvoir via le jeu de la démocratie représentative.

Il est donc nécessaire et indispensable d'abolir ce système de création virtuelle, illimitée et débridée par le réseau bancaire. Car, en fin de compte, ce système bancaire *est* lui-même le capitalisme. Capitalistes, banquiers et politiques ne font qu'un, ce sont les mêmes personnes qui gèrent les entreprises transnationales qui sont en charge du système bancaire mondial et qui gouvernent les nations.

59. **Question :** Alors quel système de création monétaire préconisez-vous pour cette nouvelle société résiliente ?

Réponse : Il faut revenir à une vision saine de la monnaie. Pas forcément revenir au troc, mais bien se rappeler que la monnaie a été créée uniquement pour faciliter les échanges de biens et services entre les individus. L'idée de départ de la création monétaire est que, par exemple, si je souhaite échanger un bœuf que j'ai élevé moi-même contre une salle à manger que quelqu'un d'autre a fabriqué, j'ai intérêt à fluidifier et à faciliter cette transaction en utilisant un bien intermédiaire. Or ce bien intermédiaire, qui autrefois a pu être le sel, le blé, le sucre, puis un métal précieux comme l'or et l'argent, ne doit pas avoir vocation à se substituer lui-même, et de façon durable, à la marchandise échangée. Il devrait donc rester uniquement un outil de transaction. Malheureusement, le capitalisme a transformé, par le truchement de son système bancaire, ce bien intermédiaire en bien tout court qui lui-même peut être échangé, vendu et re-vendu indéfiniment.

Il y a une autre question, distincte mais intimement liée à celle de la création monétaire, c'est celle du crédit bancaire. Qu'est-ce que le crédit bancaire ? Je propose cette définition : *Le crédit bancaire représente l'action de vendre une somme de monnaie donnée contre une somme de monnaie supérieure*. Le crédit bancaire n'est donc rien d'autre qu'une opération commerciale de base, c'est à dire une vente. Mais il est important de bien comprendre que les transactions *argent contre argent* ne sont pas conformes à la conception originelle de la monnaie, et qu'elles sont donc des transactions anormales et contre-nature. D'ailleurs, pour que la monnaie puisse être considérée elle-même comme un bien, et donc puisse faire l'objet d'une garantie de l'État lorsqu'elle fait l'objet d'une auto-transaction, il a été nécessaire d'écrire une loi, en l'occurrence l'*article 1845 du Code civil*. Cette loi semble d'ailleurs avoir du mal à s'assumer puisqu'elle se niche timidement dans un recoin juridique où nous ne nous attendrions pas à la trouver. Mais elle est bien là et c'est donc très bizarrement dans le Code civil qu'il faut aller chercher pour trouver une justification du fait que *la monnaie soit légalement considérée comme une marchandise.*

Eh bien, c'est tout simplement cette loi qu'il nous faut abolir ! Bien plus, nous voulons que la monnaie soit inscrite dans la Constitution comme étant un bien intermédiaire ne pouvant servir qu'à faciliter les échanges, et qu'en aucun cas elle ne puisse être considérée comme un bien négociable, c'est à dire pouvant être vendue en échange d'elle-même. Cette disposition, qui n'est pas une disposition législative supplémentaire venant s'ajouter à une table de lois déjà pléthorique, mais, au contraire, une disposition abolissant une loi existante, serait une arme absolue pour empêcher le développement du capitalisme. Il s'agit donc bien, vous l'avez compris, d'interdire purement et simplement le crédit bancaire.

> 60. **Question** : Pensez-vous, comme certains anticapitalistes, que le droit de propriété doit être remis en cause ?

Réponse : Sur ce sujet délicat, il convient tout d'abord de distinguer ce qui relève des *biens communs*, et ce qui relève des *biens individuels*. Aujourd'hui, il y a un consensus général pour admettre que certains biens individuels puissent être ré-attribués à la collectivité. C'est ainsi que la Constitution prévoit un droit d'expropriation lorsque l'intérêt supérieur de la nation le justifie. Mais il faudra sans doute aller beaucoup plus loin que cela dans la mesure où le problème de la déplétion fossile et minérale, facteur de décroissance inéluctable, va mettre en lumière la nécessité de gérer au mieux les ressources naturelles, condamnées à devenir de plus en plus rares.

Je pense donc qu'il y a lieu de reconsidérer la propriété privée de la terre agricole, et même celle du territoire en général. Je ne parle pas, bien entendu, de l'espace domestique entoure une maison d'habitation, mais de tout ce qui est aujourd'hui répertorié comme terre productive et appartient à une minorité d'individus. Ainsi, dans le cas d'une société inéluctablement décroissante et afin de prendre en compte les problématiques de raréfaction des ressources naturelles, il conviendrait de *décréter la terre agricole en tant que bien commun*. Et de ce fait, effectivement, le droit de propriété qui aujourd'hui s'applique aux terres agricoles comme à tout autre bien, pourrait être remis en cause.

Par contre, il n'est pas question - et je reviens encore une fois sur la question de la collectivisation - de contester le droit de propriété des moyens de production pour la petite et la moyenne entreprise. Pour ce qui concerne la grande entreprise, le problème est différent. En effet, chaque fois qu'une entreprise d'une certaine taille entrerait dans le cadre du fameux *principe de subsidiarité*, elle pourrait faire l'objet d'une expropriation, selon des modalités à définir et passerait purement et simplement sous contrôle de l'Etat. Cette pratique n'est pas nouvelle, et nous savons également que les nationalisations n'ont pas toujours fait l'objet d'indemnisation au cours de l'histoire. Il est un fait avéré que, lorsque l'urgence et les impératifs supérieurs s'imposent, il y a toujours un consensus de la nation pour que la collectivité prenne en main la gestion de tel ou tel secteur économique. Et ce serait sans doute le cas, bien évidemment, pour la situation de décroissance inéluctable que nous pronostiquons.

> 61. **Question :** La civilisation industrielle se caractérise notamment par une inflation législative sans

précédent. Vous dites que, d'une centaine de lois sous Charlemagne, nous sommes passés à environ 140.000 lois et règlements dans la France d'aujourd'hui. Pensez-vous que le nombre de lois et de règlements va encore augmenter dans les temps à venir, ou au contraire diminuer ?

Réponse : Je souhaite que ce nombre diminue, parce que le chiffre de 100 lois de l'époque de Charlemagne est probablement insuffisant pour encadrer la situation que nous imaginons, mais que celui de 140 000 lois aujourd'hui, c'est évidemment beaucoup trop ! La loi est devenue un outil de production politique au quotidien et nous sommes entrés dans un système où c'est *l'organe qui crée la fonction*. Je veux dire par là que les lois sont fabriquées mécaniquement et tout simplement parce qu'il existe une usine pour les faire, fonctionnant toute seule, avec sa propre logique et sans tenir compte des véritables aspirations du peuple. Cette usine, contrairement à ce que pensent beaucoup de gens, n'est pas l'Assemblée nationale, qui ne produit en réalité qu'un tout petit 10 % des lois, mais c'est en réalité une hydre pluricéphale constituée de tous les autres corps et agents de l'État habilités par la Constitution à légiférer, à savoir gouvernement, ministres, préfets, maires, conseillers régionaux et généraux, etc.

De ce point de vue, je pense que la décroissance économique, et quel que soit le système politique mis en place pour l'accompagner, va entraîner corrélativement une diminution du nombre des lois. Ce pronostic se fonde sur la constatation qu'à l'inverse, le développement industriel, mesuré en accroissement du PIB, s'est toujours accompagné d'une augmentation proportionnelle du nombre des lois.

Mais cette évolution, ce délestage législatif, devra surtout être favorisé par une volonté délibérée de fabriquer les lois *autrement*. En effet, dans une société soumise à l'obligation vitale de s'adapter à de nouvelles conditions environnementales, l'initiative individuelle sera forcément plus rapide, plus percutante, plus précise et plus souple que l'initiative collective. Cette initiative individuelle doit donc être débarrassée du carcan législatif. De ce fait, un certain nombre de lois minimales devront être inscrites dans la Constitution avec possibilité de modification uniquement par le biais d'une consultation directe du peuple. Ce serait la meilleure option législative à proposer pour une société de décroissance inéluctable et contrainte de s'adapter à la raréfaction croissante des matières énergétiques et minérales.

62. **Question :** Mais revenons au financement de l'Etat. Pourquoi avez vous une telle aversion pour l'impôt ? En quoi votre système est-il plus juste et plus socialement équitable que l'impôt actuel ?

Réponse : *Aversion* est un terme quelque peu excessif. Je fais une critique sévère, rationnelle, argumentée et objective de l'impôt. Je ne suis pas dans l'émotion, mais dans l'analyse et la constatation de ce qui est. Ma critique de l'impôt se fonde sur quatre piliers principaux : son iniquité, son coût de gestion, son caractère coercitif et son illégalité.

Le *critère d'équité* constitue l'une des deux justifications que l'impôt se donne à lui-même, l'autre étant le financement des services publics gratuits. Cette équité se manifeste dans le cadre d'un mécanisme répartiteur visant à rétablir la justice sociale et consistant, pour faire simple, à prendre aux riches pour donner aux pauvres. Vu sous cet angle, je porte un jugement extrêmement critique sur ce dispositif, dans la mesure où je considère que, contrairement à ce qu'il prétend, il n'est pas équitable et je vais m'en expliquer. Pour cela il convient de revenir sur la définition même de l'impôt. J'ai indiqué précédemment que nous entendions par *impôt* au sens générique, l'ensemble des prélèvements obligatoires qui s'exercent sur l'individu et sur les organisations. J'ai également indiqué que cet ensemble regroupait l'impôt sur le revenu, l'impôt sur les sociétés, la TVA, et toutes les différentes taxes d'état, ces quatre domaines constituant ce qu'il convient d'appeler l'impôt central (280 milliards), auquel il fallait ajouter l'impôt décentralisé constitué par la trilogie taxe d'habitation, taxe foncière et taxe professionnelle, plus, également, les contributions sociales obligatoires, c'est à dire les cotisations maladie, retraite, chômage et autres. Tout cet ensemble *de prélèvements obligatoires*, que, dans un souci de simplification du discours, nous nommerons *impôt global*, représente 850 milliards d'euros. Il est effectivement inéquitable pour un certain nombre de raisons.

Commençons par étudier *l'impôt sur le revenu*. Cet impôt est le seul qui poursuive à peu près l'objectif de justice sociale annoncé. En effet, la grille progressive de l'impôt sur le revenu est conçue de façon à ce que ceux qui gagnent beaucoup d'argent paient plus que ceux qui en gagnent peu. J'accorderai donc à l'IRPP un léger satisfecit de ce point de vue, tout en remarquant qu'il ne constitue qu'une très petite partie de l'ensemble de l'impôt global (60 milliards sur 850). Cet impôt global, soit dit en passant, représente presque la moitié du produit intérieur brut, c'est-à-dire de la richesse produite par la nation. Ainsi nous voyons que, mis à part l'impôt sur le revenu des personnes physiques qui contribue pour à peine 5 % à la masse de l'impôt global, tous les autres impôts sont largement inéquitables, à commencer par la *Taxe sur la Valeur Ajoutée*

(TVA), qui constitue le plus gros morceau de l'impôt central, soit 180 milliards.

Cette TVA est, en effet, largement inéquitable car elle s'applique exactement de la même façon sur tous les produits et pour tous les consommateurs quels que soient leurs niveaux de revenus. Ceci revient à dire que la contribution fiscale d'un individu riche n'est pas plus élevée que celle d'un individu pauvre, pour ce qui concerne la couverture des besoins de base en alimentation, logement et habillement, notamment. Cet impôt est donc inéquitable d'un point de vue social et n'est pas redistributeur de richesse, au moins pour cette tranche de consommation.

Pour ce qui concerne la *taxe foncière*, cet impôt est identiquement appliqué à tous les individus, quels que soient leurs niveaux de revenus, le seul critère pris en compte étant la localisation, la surface et la configuration du logement. Cet impôt est donc socialement inéquitable.

Au niveau des *contributions sociales*, seules les *cotisations santé* sont relativement équitables puisqu'elles sont indexées sur le niveau de revenu du cotisant et que le traitement devant la maladie est identique pour tous, quel que soit le niveau de cotisation de l'individu. Mais il n'en va pas de même pour la retraite et le chômage !

La logique de la *cotisation retraite* est inverse de la logique de la cotisation santé, puisque, à la fin de leur activité professionnelle, les individus toucheront des retraites différentes selon qu'ils ont gagné plus ou moins d'argent pendant leur vie active. Ceci est *profondément injuste et inéquitable*, au contraire de ce que nous préconisons, c'est-à-dire une retraite égale pour tous. En effet, nous considérons qu'à situation égale il doit y avoir traitement égal.

Imaginons que, dans le domaine de la santé, un individu ayant cotisé plus que les autres, ait de ce fait gagné le droit d'être soigné mieux que les autres, cela choquerait tout le monde ! Or, pour la retraite c'est exactement ce qui se passe, puisque celui qui a cotisé plus que les autres a droit à une retraite plus importante que ceux qui ont cotisé moins. Nous rejetons ferment ce principe ! Au contraire, nous disons qu'il doit y avoir une égalité de traitement quand il y a une égalité de situation. Quand on est malade on doit être soigné de la même façon, que l'on soit riche ou pauvre, et quand on ne peut plus travailler, on doit être *allocaté* pareil, que l'on soit ancien riche ou ancien pauvre.

Le même raisonnement peut être appliqué à la *couverture chômage*, c'est à dire : à situation égale, traitement égal. Or, aujourd'hui la loi est facteur d'injustice sociale, puisqu'une personne privée d'emploi ayant auparavant occupé un emploi bien rémunéré percevra une allocation de non-travail supérieure à une personne ayant occupé un emploi moins bien rémunéré.

En conclusion, nous voyons donc bien que l'impôt, de par sa nature même, est largement injuste d'un point de vue social. C'est, me semble-t-il, une première raison de contestation de l'impôt.

La deuxième raison tient au le fait *que l'impôt génère un Etat parasite*. En effet l'impôt, en tant que revenu pour l'État, ne provient pas d'une activité économique comme c'est le cas pour le revenu d'un individu. L'État est le seul opérateur de la collectivité qui obtient son revenu non pas par le travail, mais par la spoliation pécuniaire sur autrui. Au cas où le terme *spoliation pécuniaire* choquerait certains lecteurs, je pourrais le remplacer sans atténuer mon raisonnement par celui de *gain facile*, tout à fait assimilable au revenu d'un rentier, qui, sans rien faire et en dormant, s'enrichit par l'accumulation automatique des fruits de son épargne. C'est ainsi que l'*État-rentier*, par le truchement d'une bureaucratie improductive, obtient son revenu sans avoir à *travailler* économiquement parlant.

Lorsque je parle de bureaucratie parasite, je pense également à la quantification du coût de gestion de l'impôt en général. En réalité, c'est une donnée extrêmement difficile à obtenir, pour la bonne et simple raison qu'elle n'existe pas. Nous pouvons trouver sur le site de l'INSEE, ou sur le site du gouvernement, une multitude d'informations, mais pas celle qui nous éclairerait sur la question de savoir combien coûte exactement la gestion administrative de l'impôt. En totalisant notamment le budget de fonctionnement du ministère des finances, de la CAF, de la sécurité sociale, de l'URSSAF et de Pole emploi et des principales caisses de retraites, nous arrivons à une estimation avoisinant les 20 à 30 milliards d'euros, ce qui est extrêmement important.

Par ailleurs, si nous appliquons la règle communément admise selon laquelle un gain facile pervertit celui qui le reçoit, nous en déduisons que *l'Etat est perverti par l'impôt*. Nous préconisons, au contraire, que les recettes de l'État proviennent d'un véritable travail, c'est à dire de la mise en œuvre d'une activité économique au sein de la société, en lieu et place d'un prélèvement ou d'une rente. Et c'est, pour nous, la deuxième raison de contestation de l'impôt.

La troisième raison se fonde sur une question éthique. L'impôt établit une *obligation de faire* en dehors de toute contingence, or il y a là un véritable problème de relation entre l'individu et la collectivité. Autant les interdictions qui naissent de l'établissement du contrat social peuvent paraitre justifiées, autant l'obligation de faire qui s'exerce sur un individu alors qu'il n'est pas dans une *situation particulière enclenchée par une action préalable,* est à mon sens contraire à l'éthique de la relation collectivité-individu. Il n'existe d'ailleurs que deux obligations de faire, telle que nous l'entendons, dans la pratique de la société actuelle : c'est l'*impôt* et la *conscription.* La conscription ayant été abandonnée depuis quelques années, il n'y a plus que l'impôt qui contraigne l'individu en dehors de toute contingence. Et cette *obligation de faire* qui s'impose à l'individu, est, à mon sens, contraire à l'esprit des idées révolutionnaires qui ont installé la liberté après les périodes féodales et monarchiques et ont visé à éradiquer toutes les prérogatives arbitraires du pouvoir. Souvenons-nous des corvées obligatoires, de la taille, du cens, de la dîme et du droit de cuissage, autant d'*obligations de faire* féodales et de pratiques détestables, dont l'impôt global d'aujourd'hui apparaît comme une subsistance anachronique.

La quatrième raison de rejet de l'impôt est de nature *juridique.* En terme de droit strict, l'impôt est inconstitutionnel car il n'est tout simplement pas inscrit dans aucun texte du bloc constitutionnel en tant qu'obligation clairement et précisément définie. Bien au contraire, dans la Déclaration des droits de l'homme et du citoyen de 1789, il est dit que la contribution fiscale du citoyen doit être *librement consentie.* Or, si nous lisons bien la phrase, et si nous comprenons bien la langue française, la locution *librement consentie* signifie que tout citoyen est en droit de refuser de payer l'impôt si son consentement individuel n'est pas établi.

Or une interprétation contraire s'est installée tacitement depuis l'édiction de la première constitution et de ses nombreuses successeures jusqu'à celle de 1958, c'est à dire depuis deux siècles et demi, tendant de fait à considérer l'impôt comme une obligation légale. Par surcroît, nous constatons à la lecture des textes de la loi ordinaire, que cette obligation coercitive est accompagnée de sanctions qui ne figurent pas dans le Code pénal mais uniquement dans le Code général des impôts. Si l'Etat avait la volonté de régulariser cette situation de non-droit, il devrait faire inscrire de façon claire dans la Constitution l'obligation faite à tout citoyen, sous peine de sanctions pécuniaires et de contraintes par corps, de payer l'impôt qui lui est demandé. Cette mise à jour pourrait s'effectuer par le biais d'un référendum de révision constitutionnelle, mais nous comprenons aisément que les différents gouvernements qui se sont succédé ces dernières dizaines d'années, n'aient jamais voulu, ou osé, mettre en place ce référendum qui engendrerait, dans le cadre de sa phase préparatoire, un débat public sur la validité de l'impôt, et donc, de façon sous-jacente, pourrait entraîner une réflexion plus globale sur le mode de financement de l'État.

Si tel était le cas, le peuple serait alors possiblement amené à imaginer la possibilité d'un financement de l'État autre que celui fourni par l'impôt, et c'est précisément ce que nous proposons. Ce débat, naturellement, n'intéresse pas les hommes du pouvoir. Bien plus, l'oligarchie régnante craint au plus haut point un tel questionnement populaire et c'est, sans aucun doute, la raison pour laquelle ce vide juridique perdure sans que jamais il ne soit introduit dans le débat politique.

Voici donc les quatre raisons qui font que, sans avoir une aversion émotionnelle pour l'impôt, nous le rejetons en tant que mécanique incontournable pour le financement de l'Etat.

63. **Question :** Finalement le système que vous proposez ne revient-il pas grosso modo à établir un système de taxation de la consommation, comme certains le proposent déjà ?

Réponse : Absolument pas ! Notre système est très différent. La taxation de la consommation c'est la TVA, et comme nous l'avons vu précédemment, la TVA est une taxe qui s'applique *identiquement* sur tous les produits, et pour chaque consommateur. Une variante, par exemple la taxation ciblée d'une liste de produits particuliers serait déjà moins socialement injuste qu'une *flat tax* comme la TVA. Mais ce que nous proposons est encore différent. En effet, nous commençons par identifier un vaste secteur économique à forte empreinte écologique en tant que support au financement de l'Etat. Puis nous imaginons de faire fabriquer par l'État lui-même les biens et les services relatifs à ce secteur, qui, au moment de leur vente généreront des bénéfices. Enfin, nous affectons les excédents de gestion (les bénéfices) ainsi réalisés au budget du secteur public gratuit.

Les deux différences fondamentales entre ce système et un système basé sur la taxation de la consommation sont les suivantes :

La première différence, est que, par rapport à une taxation de type TVA où tous les produits sont taxés identiquement et où chaque consommateur paye le même prix pour le même produit, notre dispositif se limite à certains produits et services, qui, de plus, ne seront achetés que par une certaine partie de la population, c'est à dire celle qui est fortement consommatrice d'énergie, de matières premières et de minerais, et qui donc pèse le plus sur l'empreinte écologique.

La deuxième différence, c'est que la taxation de type TVA est un *acte facile* de spoliation pécuniaire. Cette spoliation est effectuée par des bataillons de fonctionnaires engendrant des coûts de gestion très élevés, et la mise en œuvre de l'ensemble de ces opérations constitue une activité économique totalement stérile au sein de l'activité générale du pays. Dans notre système de service public marchand, c'est l'État lui-même qui travaille, qui produit et qui vend. Nous pourrions dire, pour fixer les idées, qu'il travaille pour produire sa taxe, au lieu de la prélever sans effort. Cette idée de *mettre l'État au travail* est sous tendue par notre concept de *l'Etat-Serviteur* et ce sont donc les bénéfices générés par les produits de ce nouveau *travailleur du peuple*, qui devront remplacer l'impôt pour le financement des services publics utiles à la collectivité.

64. **Question :** En quoi cette réorganisation du fonctionnement l'économie que vous proposez est-elle spécifiquement adaptée à la décroissance ?

Réponse : Je viens d'expliquer l'éthique et la mécanique de cette option de financement de l'Etat, et je vais maintenant montrer comment elle se rattache effectivement à notre conception de la décroissance inéluctable.

Nous avons déjà vu précédemment que le secteur public marchand que nous souhaitons instaurer, concerne essentiellement la grande industrie, l'énergie et les transports. Or, toutes ces activités sont précisément des activités que la civilisation industrielle a développées à partir du milieu du 19ème siècle et qui n'existaient pratiquement pas auparavant. Ces activités, nous le savons, puisent lourdement sur les stocks de ressources naturelles de la planète, elles ont une forte *empreinte écologique*. Ces produits et services dont nous souhaitons confier la gestion au service public marchand sont largement dépendants de l'action extractive et de cette ponction effectuée sur la dot terrestre. Par conséquent, les citoyens qui utiliseront peu ces services participeront à la diminution de l'empreinte écologique, et, a contrario, ceux qui les utiliseront beaucoup participeront à l'épuisement de la planète. *Et ce seront précisément ces derniers qui financeront les services publics gratuits.*

En fait, nous rejoignons ici les idées de taxation de l'énergie émises par certains écolo-technocrates de type Jancovici ou Hulot, mais avec quelques différences sensibles toutefois. Leur fameux slogan, *in tax we trust,* n'est pas le nôtre dans la mesure où leur schéma consiste simplement à affecter cette taxe au financement artificiel des industries *dites vertes*. Nous considérons que c'est un mauvais choix dans la mesure où la plupart de ces industries vertes n'ont aucun avenir et qu'il ne s'agit en réalité que de subventionner une nouvelle forme de capitalisme, *le capitalisme vert*. Nous, nous voulons *financer de la gratuité* et pour le peuple !

Nous pourrions résumer simplement notre pensée en disant que ce sont les gros consommateurs de ressources naturelles qui devront payer pour financer les services publics gratuits. Et donc, de ce fait, la déplétion des ressources fossiles et minérales sera corrélative à un financement du bien-être général par ceux qui les continueront à les consommer.

> 65. **Question :** Mais finalement, votre schéma n'est-il pas tout simplement un projet de profonde modification des règles de la démocratie qui pourrait, pourquoi pas, être proposé dès aujourd'hui, avant même que ne débute cette décroissance que vous pronostiquez ?

Réponse : Oui, en quelque sorte vous suggérez qu'il ne serait pas nécessaire d'attendre que la décroissance survienne pour appliquer ce que nous proposons. Effectivement, ces options politiques, concrétisées notamment par l'abandon de la démocratie représentative et la mise en place du pouvoir citoyen, pourraient théoriquement être mise en oeuvre dès maintenant et sans attendre que nous soyons arrivés en situation de décroissance. Le financement des services gratuits par les gros consommateurs d'énergie pourrait se faire également avant que la décroissance ne soit visible à l'œil nu par tout un chacun. En théorie, oui bien sûr, mais le problème c'est que je n'y crois pas !…..

En effet, d'un point de vue politique, j'ai la conviction que le fonctionnement du système actuel est beaucoup trop enraciné dans l'esprit commun pour que les options que notre mouvement propose, tant sur le plan du changement de modèle démocratique que sur le plan du changement de modèle de financement de l'État, puissent trouver un écho significatif au sein de la population. Nous travaillons patiemment à la finalisation et à la mise en forme définitive de notre projet, et je pense à une phrase de Victor Hugo qui dit : *Une idée n'est jamais aussi forte que lorsque son heure est venue.* Cette idée, notre idée, ne semble pas aujourd'hui pouvoir recueillir un agrément suffisant auprès de la majorité des citoyens, malheureusement convaincue de (ou résignée à) la pérennité de la situation présente. Cet état d'esprit, alimenté et entretenu par les médias de l'oligarchie régnante, conduit le peuple à penser que toutes les manifestations de cette extraordinaire technologie, représentée par l'avion, le TGV, le nucléaire, la robotique, etc. ne peut que durer toujours et se développer encore plus. En résumé, je ne crois pas, malgré l'existence de quelques minorités et groupuscules qui osent le *pas de côté*, à la possibilité de dissémination populaire, pour l'instant, de nos idées.

> 66. **Question :** Tout comme la décroissance, la révision constitutionnelle est à la mode. De nombreux mouvements s'intéressent à la réécriture de la constitution, dont notamment le parti de la France Insoumise de Jean-Luc Mélenchon et les Ateliers Constituants d'Etienne Chouard. Comment vous situez vous par rapport à ces mouvements ?

Tout d'abord il faut distinguer Mélenchon et Chouard. Mélenchon poursuit un objectif politique politicien. Il utilise déjà le gadget obscur et mal défini de l'éco-socialisme pour ratisser large à gauche et dans les milieux décroissants. Parallèlement, il s'est rendu compte qu'il y avait des gens qui s'intéressaient à la révision constitutionnelle, qu'il existe des mouvements pour l'adoption du référendum d'initiative populaire et d'autres pour la réunion d'une Constituante. Du coup, Jean-Luc Mélenchon qui est un homme politique très habile, a sauté à pieds joints dans le créneau et lancé le M6R, Mouvement pour la sixième république, devenu plus tard La France Insoumise au sein duquel il parle vaguement de modifier la constitution, mais il ne s'agit, en réalité que d'un habillage de la Constitution actuelle, avec des options de gauche traditionnelles.

Chouard, c'est différent. C'est lui qui a lancé l'idée qu'il fallait commencer par lire la Constitution existante avant de chercher à la modifier, qu'il fallait l'étudier, et ne pas avoir peur de la commenter. C'est également lui qui a énoncé une évidence, à savoir que la cohésion de notre système de lois et d'organisation politique, était maintenu par une clé de voûte qui s'appelle la Constitution, évidence qui n'était pas forcément présente dans l'esprit commun. Il faut donc rendre à Chouard ce qui lui revient : il a mis la Constitution sur la place publique. Il n'en reste pas moins que dans les deux cas, Chouard ou Mélenchon, on ne peut réécrire une constitution dans de bonnes conditions que si on a une vision de ce que devrait être *l'autre société*. Il y a des exemples assez récents, je pense à l'Islande, où on a dit : réunissons des gens tirés au sort dans une pièce pendant trois mois, et demandons-leur de nous écrire une constitution. Eh bien, ça n'a pas marché ! Et puis, c'est une simple question de logique et de bon sens historique que de considérer qu'on ne peut pas écrire le mode d'emploi d'une société si on ne sait pas la forme qu'on veut lui donner.

Donc, encore une fois, l'organe ne crée pas la fonction, c'est la fonction qui crée l'organe. Il ne suffit pas de fabriquer une constituante pour écrire une constitution, il faut d'abord fabriquer une idée de constitution. Et ce n'est qu'à partir de cette idée, c'est à dire celle d'un vœux populaire, qu'on fabriquera une constituante, si tant est qu'on juge qu'une constitution doit obligatoirement être écrite par ce type d'outil, ce qui reste encore à démontrer. Car si on réunit un échantillon aléatoire de citoyens dans une pièce en leur disant : « *vous allez réécrire la Constitution* », il y a de fortes chances que leurs palabres soient interminables, infinis, et qu'aucune cohérence d'ensemble puisse jamais être obtenue.

Le deuxième point, c'est que ni Etienne Chouard ni Jean-Luc Mélenchon, n'arrivent à se défaire de l'obsession de la *démocratie représentative*. Chouard est le cas le plus symptomatique puisqu'il est celui qui a poussé le plus loin l'analyse critique constitutionnelle. Or, toutes les options qu'il propose tournent autour du simple *contrôle des représentants*. Si je peux être d'accord sur son diagnostic, à savoir que tous les représentants sont des traîtres en puissance, et que, lorsque nous élisons un représentant nous désignons en fait quelqu'un qui va faire le contraire de ce pour quoi il a été élu, je reste, par contre, en désaccord complet avec lui en ce qui concene les moyens de substitution qu'il propose. La mouvance des *Ateliers Constituants* et des *Gentils Virus* pense qu'il est possible d'établir des règles de contrôle sur nos élus, avec les dispositifs de tirage au sort et de révocabilité. Tout ceci est excellent dans l'idée, mais revient, malheureusement, à surajouter une usine à gaz sur une autre usine à gaz. Et surtout, le problème de la représentativité n'est pas réglé ! Quels que soient les contrôles, il y a de fortes chances pour que les représentants trouvent un moyen de les contourner. Le véritable changement, c'est d'abandonner purement et simplement le principe de la représentation, et d'aller résolument vers un *pouvoir citoyen* où c'est le peuple lui-même qui initie les lois, qui les amende, et les vote par le suffrage universel.

67. **Question :** Il y a aujourd'hui 7 milliards d'humains sur la planète et on prévoit 10 milliards pour 2050. Les ressources alimentaires vous paraissent elles suffisantes pour une population mondiale de cette ampleur ?

Réponse : Là, nous changeons de sujet et la question que vous posez nous fait monter d'un cran dans l'intensité dramatique ! Eh bien pour y répondre franchement, je dirais que, non, les ressources alimentaires ne me paraissent pas suffisantes pour le futur proche. Ces ressources telles qu'elles vont se présenter dans dix ou vingt ans, c'est-à-dire produites par une agriculture commençant à être privée de carburant pour les machines, d'engrais, de pesticides, d'insecticides, de produits phytosanitaires, et confrontée, par surcroît, à l'épuisement de sols dépouillé leur humus - pour l'évidente raison que les apports en matières organiques auront été inexistants depuis plusieurs décennies - ces ressources ne peuvent aller qu'en diminuant.

La chute drastique des rendements agricoles est une perspective qui nous pend au nez, et s'inscrit malheureusement en contradiction face aux espoirs idylliques et utopiques de nos amis décroissants volontaires, qui s'imaginent que les techniques d'agriculture biologique, de permaculture, d'agroforesterie, d'agriculture paysanne, raisonnée ou autres, vont permettre d'augmenter les rendements par rapport à ceux de l'agriculture industrielle. Car, malheureusement, ces idées folles d'*augmentation des rendements avec le bio* se propagent dans certains milieux. Je pense notamment à une interview de Paul Ariès dans laquelle il affirmait que l'agriculture post-pétrole aurait probablement des rendements supérieurs à ceux de l'agriculture actuelle. Ces utopies et ces rêves sont proprement stupéfiants ! En tant qu'ancien exploitant agricole, je tiends pour évident que les rendements de l'agriculture post-fossile seront des rendements décroissants. Or si nous mettons ce déclin agricole annoncé d'un côté, en perspective de l'augmentation démographie prévue d'un autre côté, je ne peux que nourrir une inquiétude extrême sur le sujet.

Bien entendu les données du problème sont sensiblement différentes si nous raisonnons au niveau de la terre entière ou au niveau d'un seul pays, mais il n'en reste pas moins vrai qu'avec des incidences diverses et variables, nous subirons une contraction de l'offre alimentaire face à une augmentation de la démographie *dans tous les pays*. Et cette question est à mon sens la question numéro un qui se pose aujourd'hui à l'Humanité, et elle n'a pas de réponse.

Mais il existe un paradoxe encore plus grand que cette équation insoluble : c'est le fait qu'on n'en parle pas ! En effet, ce sujet n'est pratiquement jamais traité par les médias de l'oligarchie régnante. Et pourtant les débats ne manquent pas, dans les journaux, à la radio et à la télévision, portant sur des peccadilles ou des sujets mineurs, alors que cette question de savoir comment l'agriculture, donc la production alimentaire, va évoluer dans les dix ou vingt ans à venir semble n'intéresser personne. Nous savons que le besoin alimentaire est le besoin premier de l'espèce humaine, avant même le besoin de s'abriter et que nous ne pouvons nous passer de manger plus de deux jours sans commencer à perdre notre intégrité physique.

Malgré cela, par une sorte de bizarrerie scandaleuse ce débat n'est pas ouvert. Mais il y a sans doute une raison à cette situation. Cette raison est que les médias fonctionnent comme des entreprises, qu'ils donc doivent être rentables, et que, pour ce faire, ils doivent pouvoir attirer des annonceurs susceptibles d'acheter leurs espaces publicitaires. Or il existe peu de firmes prêtes à diffuser des publicités pour ses produits, avant ou pendant des émissions traitant de ce sujet. La conséquence de ce système fait que ce sujet crucial n'est tout simplement pas traité. Et c'est cette constatation qu'il n'y a pas de débat public sur le problème de l'avenir alimentaire de notre société face à l'évolution démographique, plus que les caractéristiques du sujet lui-même, qui me paraît l'élément le plus inquiétant du monde actuel. Et cette carence pourrait bien nous être fatale !

68. **Question :** Mais l'évolution démographique vers le haut est-elle réellement certaine ? Ne pourrait-on pas imaginer, au contraire, une forme de décrue à venir ?

Réponse : L'histoire a montré que les chutes brutales de populations peuvent avoir trois causes : 1/ les guerres, 2/ les famines, 3/ les épidémies, auxquelles il conviendrait d'ajouter une quatrième cause putative spécifique à la période post-industrielle : 4/ la chute brutale de l'espérance de vie provoquée par la diminution de la production pharmaceutique et de la fourniture des soins médicaux.

La survenue d'aucun de ces quatre phénonmènes n'est évidemment à souhaiter, mais leur putativité reste établie. Dans l'attente, nous pouvons toujours tenter de contenir la progression démographique en agissant sur la natalité. Au niveau des politiques à mener pour y parvenir, nous sommes résolument opposés à toute mesure législative coercitive contre la liberté individuelle d'enfanter, mais nous préconisons de stopper toutes les mesures incitatives à la natalité existantes, à commencer par les primes et allocations de toutes sortes telles que les allocations familiales, ainsi que les aides à l'enfance diverses et variées, qui constituent objectivement, et contrairement à ce que prétendent certains analystes, un encouragement à la procréer.

69. **Question :** Pensez-vous que les années à venir seront plus agréables et intéressantes à vivre, ou, au contraire, plus difficiles et plus ternes ?

Réponse : Elles seront certainement beaucoup plus intéressantes, parce que, comme je l'ai dit tout à l'heure, nous allons assister à la mise à l'épreuve de la fameuse *capacité adaptative* de l'être humain, face à une évolution rapide et non programmée. Certes cette évolution est pronostiquée par certains analystes marginaux, mais elle n'est pas prévue, ni imaginée comme étant probable par l'écrasante majorité des gens. Donc, cela va être extrêmement intéressant d'observer comment nous allons nous en sortir *avec moins de tout*, et dans tous les domaines. Ce *moins de tout* concernera essentiellement ce dont nous avons été habitués à jouir depuis deux siècles, mais peut-être découvrirons-nous (ou produirons-nous) quelque chose à quoi nous n'avions pas pensé précédemment. Quelle chose ? C'est difficile à dire ! Ce qui est fort probable, c'est que nous aurons à exhumer des savoir-faire aujourd'hui disparus, mais pour le reste……..

Concernant l'élément plus qualitatif qui est de savoir si cette situation sera joyeuse, terne, agréable ou désagréable, je suis incapable de me prononcer. Il y a quand même fort à parier que cela sera extrêmement difficile pour un certain nombre d'individus qui refuseront l'idée que les courbes de l'évolution de la technologie et du confort s'inversent. Mais il est possible qu'une autre frange d'individus trouve son compte dans cette nouvelle donne que la nature va nous imposer.

Ces années à venir vont donc être très intéressantes à observer et à vivre, parce que les ressources de l'individu seront sollicitées comme jamais. L'activité intellectuelle des hommes sera ainsi fortement stimulée, mais il subsiste tellement d'ombres et de nuages qui s'accumulent à l'horizon, notamment relatifs au problème numéro un de l'alimentation dont nous venons de parler, que le pronostic final ne peut être que fortement réservé.

Il n'en reste pas moins que je fais résolument confiance à la capacité adaptative de l'être humain et à sa résilience. C'est cette qualité ancestrale d'adaptation à toute situation imposée par la nature qui a permis à l'homme de dominer le monde animal et lui pemettra probablement de continuer à le faire. L'homme saura s'adapter, mais personne ne peut prédire la façon précise dont il le fera. C'est pourquoi nous essayons, à notre niveau, de proposer un cadre constitutionnel et politique pour faciliter cette adaptation.

> 70. **Question :** Une nouvelle tendance est apparue récemment dans le paysage de la décroissance : *l'effondrisme*. Qu'en pensez-vous et comment vous situez-vous par rapport à elle ?

Réponse : Tout commence en 2009, avec la réédition française du livre de Jared Diamond *Effondrement : Comment les sociétés décident de leur disparition ou de leur survie*, dans lequel l'auteur soutient que certaines communautés humaines, telles que celles de l'Ile de Pâques, des Mayas ou des Vikings du Groenland, ont disparu à cause de leur impact sur l'environnement, puis en 2011 apparaît le survivalisme avec Piero San Giorgio, qui développe la thèse d'un effondrement énergétique, écologique, financier, politique, social et économique menant à un état de guerre généralisée avant 2025, en 2013 Joseph Tainter, propose de lier le risque d'effondrement à l'augmentation de la complexité des sociétés, et en 2015 Pablo Servigne et Raphaël Stevens, y incorporent l'externalité négative du réchauffement climatique en tant que donnée essentielle.

Entre-temps, Yves Cochet, déjà en délicatesse avec EELV notamment en raison de son livre *Pétrole Apocalypse* dans lequel il se révélait plus proche des idées décroissantes que de l'orthodoxie politicienne des écologistes de gouvernement, participe à la fondation de l'*Institut Momentum* qui se consacre à la production d'analyses et de propositions originales sur les stratégies de transition et de résilience nécessaires pour amortir le choc sociétal de la fin du pétrole, au nombre desquelles les scénarios d'effondrement tiennent une place importante.

Enfin, Vincent Mignerot fonde, à Lyon, l'association *Adrastia* qui propose des échanges d'informations et de compétences sur l'hypothèse de l'inéluctabilité d'un déclin, voire d'un effondrement de la société thermo-industrielle à court terme, avec une approche visant à préserver les meilleures conditions de vie possible pour le plus grand nombre.

Toutes ces mouvances proches les unes des autres ont, depuis plusieurs années maintenant, sensiblement modifié le paysage de la décroissance. La question se pose aujourd'hui de savoir si ce courant doit être inscrit dans l'une des cinq catégories identifiées au début de cet entretien, ou s'il a une spécificité suffisante pour justifier la création d'une catégorie spécifique, dénommée collapsologie (dérivée de l'anglais *collapse* = s'effondrer).

Une question seconde est de déterminer si ce nouveau courant a contribué à accroître le nombre global des exégètes de la décroissance, ou s'il n'a fait que *siphonner* des unités dans les contingents précédents pour constituer le sien.

Ma réponse à la première question est résolument positive, bien que, de prime abord, il puisse sembler que l'analyse des effondristes soit similaire à la nôtre, les athées constructivistes. En effet, bien que ces derniers partagent avec nous la conviction de l'inéluctabilité de la décroissance et qu'ils s'assignent parfois le projet général de *construire un déclin*, on chercherait en vain, dans leur discours, ne serait-ce qu'une amorce de programme politique. Bien plus, ils aiment à affirmer haut et fort leur rejet du *solutionnisme* et concentrent leur réflexion prospective sur les techniques d'adaptation de l'esprit aux nouvelles circonstances qu'ils pronostiquent.

Un autre distinguo important est la place qu'ils attribuent au réchauffement climatique (encore lui) dans leur approche de la catastrophe. Au lieu de le considérer comme une externalité possiblement supplétive à la cause entropique première du déclin industriel, ils en font l'argument principal, emboîtant ainsi le pas à l'engouement médiatico-populaire pour décerner à ce phénomène le titre de fléau numéro un du temps présent. Je ne vais pas revenir ici sur le fond du débat concernant le réchauffement climatique, qui nécessiterait à lui seul un ouvrage dédié, et me contenterais de faire observer que même si l'on admet les trois hypothèses, à savoir que le réchauffement existe, qu'il est d'origine humaine, et que ses conséquences seront globalement négatives à terme pour la vie de l'espèce, il ne faut pas perdre de vue que ces trois hypothèses sont supplantées, en terme de certitude, par les lois de la physique, et notamment de la thermodynamique, qui démontrent de façon incontestable que le processus industriel fondé sur la dégradation des ressources naturelles de basse entropie ne peut déboucher à terme que sur l'impossibilité de ce système à fonctionner.

Notre divergence est finalement de nature épistémologique dans la mesure où notre utilisation et notre interprétation des connaissances scientifiques privilégie les réalités démontrées plutôt que les hypothèses contestées, même si certaines de ces hypothèses pourraient, le cas échéant, servir à confirmer notre conviction fondamentale. Plus grave, en mettant le péril du réchauffement climatique en tant que cause première et essentielle du déclin industriel, les effondristes favorisent, dans l'esprit commun, la dissémination maligne de l'idée selon laquelle le processus économique de la société industrielle pourrait peut-être perdurer et, partant, s'affranchir des lois de la physique thermodynamique, si jamais ce pronostic n'était pas confirmé, ou même s'il était terrassé par une géo-ingénierie anthropique et victorieuse. Au-delà de cette nuance épistémologique et pas forcément lisible par le citoyen ordinaire, j'irais même jusqu'à soupçonner nos amis effondristes de céder à la facilité du marketing populaire en privilégiant la rhétorique plus accessible et plus séduisante de l'eschatologie climatique, par rapport à la démonstration plus technique et plus ingrate de la loi de l'entropie. En termes clairs et intelligibles, je dirais qu'il est plus facile de faire croire aux gens que la fin du monde sera due au déluge, plutôt qu'à l'application d'une équation mathématique.

En réalité, la concurrence des arguments entre les deux analyses est plus qu'anecdotique, car elle révèle deux fonds de pensée qui peuvent être très différents chez les disciples de l'une et chez ceux de l'autre. Je précise bien : chez les *disciples* et pas chez les *adeptes*, afin de distinguer ceux qui élaborent et diffusent, de ceux qui reçoivent et acquiescent. Chez les premiers, en effet, je ne doute pas que l'effet *réchauffement climatique* soit bien perçu comme n'étant qu'une dérivée seconde du processus économique entropique, alors que chez les seconds je crains fort qu'il ne soit définitivement entériné comme facteur décisif de l'effondrement à venir. Cette nuance apparemment mineure produit néanmoins de grands effets car, dans l'ombre portée des multiples marches et manifestations en faveur du climat, la propagande effondriste basée sur le réchauffement rejoint de facto l'espérance partagée par tous ces marcheurs d'un avenir possiblement restauré grâce à une pression adéquatement exercée sur le pouvoir politique. Cette illusion, bien que fâcheuse, en n'a pas moins pour conséquence directe d'évacuer le débat sur la non-durabilité du processus industriel lui-même et requalifie du même coup les effondristes en bénéfiques lanceurs d'alerte, utiles déclencheurs d'une nouvelle prise de responsabilité de nos gouvernants. Cette relégation ne serait certes pas validée par les intéressés eux-mêmes si elle leur était proposée comme telle, mais elle semble néanmoins leur convenir pour la part sensible de notoriété qu'elle leur confère.

71. **Question :** Que deviennent les décroissants culturels aujourd'hui face ce nouveau venu, qui semble chasser sur leurs terres, c'est à dire sur la modélisation de l'imaginaire ?

Réponse : Comme je le laissais entendre précédemment, si les effondristes ont certainement amené de nouveaux individus à engager une réflexion sur leur avenir, ils ont aussi et surtout récupéré une bonne partie des décroissants culturels/volontaires (objecteurs de croissance) au point qu'on en vient à se demander si ces derniers existent encore aujourd'hui. La preuve en est que les premiers à se poser cette question sont les intéressés eux-mêmes, à force de séminaires et de colloques dont les titres se passent de commentaires, du style : *Pourquoi avons-nous échoué à construire un mouvement de la décroissance ?*, ou encore : *Quelle réponse les décroissants peuvent-ils apporter face à l'effondrement ?* En réalité, les décroissants culturels/volontaires ne font que récolter ce qu'ils ont semé depuis les années 2000, en pensant pouvoir s'ériger en seuls dépositaires du label de la décroissance, et conserver indéfiniment le monopole de la définition du terme.

Il suffit de se reporter aux entretiens vidéos que j'ai réalisés dans le cadre de la série *Demain la décroissance*, notamment avec Jean-Luc Pasquinet, porte-parole des objecteurs de croissance Ile-de-France, celui réalisé en août 2016, au cours duquel il affirme sans sourciller : « *nous sommes le mouvement de la décroissance !* », ainsi qu'avec Michel Lepesant, porte parole du MOC (mouvement des objecteurs de croissance) en juin 2014, dans lequel il affirme sans broncher que les transitionnistes du mouvement de Rob Hopkins *ne sont pas des décroissants*, excommuniant ainsi dans la foulée toute une série d'autres groupements impliqués dans la réflexion sur le devenir de la société croissante.

Ce positionnement de chapelle fermée et ostracisante leur vaut aujourd'hui d'être délaissés par nombre de militants au profit d'autres approches, et notamment celle des effondristes. Ayant ainsi perdu le monopole du *dogme latouchien* de la colonisation de l'imaginaire, ils ont également perdu le dogme tout court de l'ancrage obligatoire à gauche, balayé par le positionnement résolument *non politicien* des effondristes. Le résultat de cette déconfiture est la récupération de leurs miettes par le parti politique de la *France Insoumise*, concrétisée par la mise en chantier d'un programme dit *écosocialiste*. Quant à leur département *alternatives concrètes*, il est battu en brèche par des mouvements plus citoyens, tels les *Colibris* par exemple.

Le MOC (mouvement des objecteurs de croissance) de Michel Lepesant et le PPLD (Parti pour la décroissance) de

Vincent Liegey ont, pour leur part, été liquidés et remplacés par une *Maison commune de la décroissance*, n'existant réellement que sur internet. L'avenir des disciples de Serge Latouche dépendra, à mon avis, de leur capacité à sortir, sur le plan de l'analyse politique, de leur dogmatisme de gauche et sur le plan de l'analyse économique, de leur obsession de la décroissance volontaire comme seule décroissance recevable. En réalité, ils ont déjà la perdu leur *guerre de la décroissance*, car la plupart des militants ont aujourd'hui intégré son caractère inéluctable et s'intéressent plus aux dispositifs adaptatifs à mettre en œuvre pour optimiser sa gestion, qu'aux moyens aléatoires susceptibles de hâter sa survenue.

Pire encore, le discours catastrophiste qu'ils avaient toujours rejeté se révèle aujourd'hui comme celui qui fait recette. Je me souviens d'une interview de Vincent Liegey à qui je demandais : « *vous qui vous présentez comme ayant été amené à la décroissance par les travaux de NG Roegen, pourquoi ne parlez-vous pas (ou très peu) du pic pétrolier dans les conférences du PPLD* », et qui m'avait répondu alors : « *nous avons cessé de le faire parce que nous nous sommes aperçus que cela faisait fuir les militants* ». Ainsi, par une triste ironie du sort, c'est aujourd'hui ce type de discours qui plaît aux militants, et les objecteurs de croissance du mouvement *dit-de-la-décroissance* se trouvent dans la désagréable obligation de retourner leur discours à 180 degrés pour éviter la désaffection de leurs anciennes troupes. Cette situation montre à quel point le clientélisme et la stratégie de recherche purement quantitative d'adhérents par l'administration d'un discours supposé séduisant peut conduire à l'impasse. C'est malheureusement le cas de la plupart des groupuscules obsédés par l'obtention d'une visibilité médiatique au détriment d'une rigueur idéologique, cette dernière étant d'ailleurs souvent affirmée comme étant moins estimable que la première.

72. **Question :** Dans le prolongement de cette analyse sur les objecteurs de croissance quel regard général portez-vous sur les relations entre la décroissance et la politique ?

Réponse : Dans le monde organisé des humains, tout est politique. Ce n'était sans doute pas le cas avant la révolution néolithique, à l'époque des chasseurs pêcheurs cueilleurs, où il ne semble pas que des règles collectives aient été formellement établies entre les hommes. Mais avec la mise en œuvre d'un processus de faire valoir économique, même rudimentaire au début, la nécessité est apparue d'établir un contrat social définissant précisément des règles d'interdiction et de contrainte entre les différents membres d'une même collectivité. Et le système de gestion de l'ensemble de ces règles coercitives peut, me semble-t-il, être admis en tant que définition fondamentale de la politique.

La décroissance, quant à elle, décrit une trajectoire économique spécifique et ne comporte pas, en soi, de composante politique au sens où je viens de définir ce terme, c'est à dire un mode de gestion de règles coercitives entre les différents individus d'un ensemble social. Toutefois, il apparaît que la politique est issue du processus économique et que, sans ce dernier, la collectivité humaine pourrait très bien être livrée à elle-même sans être nécessairement encadrée par un quelconque dispositif juridique. Si nous admettons donc que c'est l'économie qui génère la politique, autrement dit que ce sont les rapports économiques qui construisent les rapports politiques, la vision mécaniste de l'économie politique nous conduirait alors à penser que la réversibilité du phénomène est possible, c'est à dire qu'un mode politique donné peut induire un mode économique donné.

Le marxisme fait partie de ces théories mécanistes de l'histoire qui, traduites en termes de physique, nous explique que si une quantité Q_1 de travail a généré une quantité Q_2 de chaleur, cette même quantité Q_2 de chaleur va pouvoir récréer la même quantité Q_1 de travail. Traduit en doctrine de gouvernement, ses applications se nomment : planification, réglementation, restriction de la liberté individuelle et, de façon plus générale, toute-puissance-de-l'Etat, représenté concrètement et physiquement par un groupe restreint d'experts autoproclamés. Cette vision mécaniste, vous vous en doutez, n'est pas la mienne car, indépendamment de ses conséquences détestables sur l'autonomie du citoyen, elle ignore les lois de la thermodynamique et de la non-réversibilité des phénomènes liés au processus économique. Elle débouche également sur cette illusion, fâcheusement répandue, du politique pouvant décider de l'économie. Elle a nourri un certain nombre d'expériences qui ont toutes buté sur cette réalité de la non-réversibilité et se sont soldées par les banqueroutes que l'on sait. De ce fait, tous ceux qui lient la décroissance à la politique dans ce sens erroné, sont condamnés à subir le même destin historique.

Vous avez compris, je pense, que ma position est d'affirmer que le changement politique viendra de la décroissance et pas l'inverse et que c'est à partir de cette grille de lecture qu'il faut apprécier la position de tel ou telle mouvance décroissante. Concrètement, je constate que tous ceux qui proposent un *programme politique pour décroître*, le font dans le cadre d'un parti politique existant dans l'échiquier oligocratique. Et même s'ils font tout pour le cacher, ils sont néanmoins contraints de tomber le masque au jour fatidique des élections en appelant à voter pour l'un ou l'autre de ces partis, car c'est bien au pied de l'élection qu'on voit le militant, tel qu'il est !

En réalité, le passage du discours culturel au discours politique enferme la plupart des décroissants dans une contradiction inextricable, à telle enseigne que je comprends fort bien le souci appuyé des effondristes, nouveaux leaders de la mouvance, de ne pas toucher à ce discours toxique au risque d'y laisser leur renommée et d'y fourvoyer leur succès tout neuf. L'analyse de cette contradiction part du fait peu contestable qu'il est impossible de concevoir un programme politique ayant pour objectif d'empêcher la survenue d'un phénomène que l'on pronostique comme devant être inéluctable. C'est précisément cette évidence qui, en principe, devrait priver les effondristes toute possibilité de vision politique. Or, les choses ne sont pas si simples car il existe une pulsion irrépressible qui pousse celui qui prétend se limiter à livrer un constat, à s'engager un peu plus loin et proposer certaines solutions. C'est ainsi que nous assistons au singulier spectacle de fervents opposants déclarés au solutionnisme qui, sans même que quiconque les ait sollicité, livrent, au détour d'une conférence, quelques recettes susceptibles de retarder l'effondrement qu'ils annoncent, sans être en mesure d'ailleurs, de nous préciser si l'efficacité de leur ordonnance serait suffisante pour intercaler un délai significatif entre aujourd'hui et le chaos final.

Ces recettes, généralement basées sur la réduction des revenus, le partage des ressources et la limitation de la démographie rejoignent curieusement celles des décroissants volontaires (mis à part la question démographique), bien qu'étant beaucoup moins détaillées pour ce qui concerne leur méthodologie d'application politique. Pour ces derniers, la contradiction est encore plus grande dans la mesure où les recettes qu'ils proposent prétendent pouvoir établir un système durable sans avoir à modifier sensiblement l'existant sur le plan institutionnel.

Sans rentrer dans le détail de ces mesures ni entreprendre leur analyse critique, travail que j'ai déjà fait précédemment dans cet entretien, il me semble que l'important est de bien discerner les méandres de la problématique impossible dans laquelle se sont enfermés les décroissants culturels/volontaires. Considérant que leur postulat de base est : *il faut décroître !*, l'apprenti militant en vient tout naturellement à se poser une première question, recelant déjà en elle tous les ferments essentiels de ladite problématique, qui est celle-ci : *pourquoi faudrait-il décroître ?* Cette question inévitable ainsi posée prive par avance les états-majors du mouvement des décroissants culturels/volontaires (objecteurs de croissance) de toute argumentation adossée aux lois physiques démontrant l'inéluctabilité du déclin progressif du processus industriel, puisqu'elle viendrait en contradiction avec le sens réel question posée. En effet, pourquoi faudrait-il décroître volontairement si, de toutes façons, les lois de la physique nous amènent obligatoirement et rapidement à décroître ? La réponse des décroissants culturels/volontaires est alors la suivante : *parce qu'il vaut mieux maîtriser le processus plutôt que de que de le subir.*

Je pense qu'il est intéressant de s'arrêter quelque instants sur cette idée afin de bien comprendre toutes les extensions interprétatives qu'elle referme et, conséquemment, de pouvoir juger de leur validité. Une première interprétation de ce slogan qui, comme je l'ai déjà indiqué, me paraît le plus proche des convictions profondes de ces décroissants, est qu'il a été spécialement concocté pour en cacher un autre moins dicible, qui serait celui-ci : « *il faut décroître volontairement parce que nous craignons que le capitalisme ne soit suffisamment fort pour pouvoir s'affranchir des lois de la thermodynamique et faire perdurer la croissance pendant de longs siècles encore* ». Cette conviction, soigneusement occulté de leur discours, se situe aux antipodes de l'analyse et du diagnostic bio-économique, pour ne prendre en compte que l'aspect purement économique des choses. Elle signifie, en réalité, que ces décroissants ne croient pas à l'inéluctabilité physique du déclin industriel et veulent imposer un modèle économique plus conforme à leurs aspirations idéologiques, d'où cette appellation de décroissants culturels/volontaires.

Cette interprétation, naturellement, serait rejetée avec vigueur par leurs principaux leaders, sans pour autant qu'ils puissent fournir d'argumentation allant au-delà d'une simple affirmation du contraire, véhémente et offusquée. Mais avant de les confondre plus complètement, décortiquons encore un peu plus leur raisonnement en admettant un instant leur hypothèse. En effet, si, comme ils le prétendent, le processus de la décroissance ne peut qu'être hâté artificiellement pour avoir une chance d'être maîtrisé, il faudrait alors qu'ils nous expliquent trois choses :

- pourquoi ne pas attendre que le déclin survienne réellement ?
- comment donner à cette démarche un caractère mondial ?
- par quels types de mesures y parvenir ?

La *première question* renvoie à une *objection pénible* : pourquoi vouloir accélérer un processus soi-disant déjà en marche et pourquoi vouloir miser sur une propriété humaine aléatoire et non validée par la sélection naturelle : *la capacité à prévoir,* au détriment d'une autre propriété, celle-ci validée par la sélection naturelle comme étant la meilleure parmi toutes les autres espèces vivantes : *la capacité à s'adapter.*

Des *conférences internationales de la décroissance,* qui se tiennent chaque année dans un pays différent, tentent de répondre à la *deuxième question*, mais elles ressemblent malheureusement plus à des grand-messes pour initiés qu'à de véritables laboratoires ouverts à tous et centrés sur la recherche d'argumentaires susceptibles de convaincre les pays émergents de renoncer à leurs aspirations croissancistes.

La *troisième question*, enfin, entraîne immanquablement le déroulé responsif d'une programmatique directement empruntée à la gauche politicienne, en forme de planification drastique et de revenu garanti pour tous, ce dernier élément étant incongrûment placé ici et inexplicablement associé la décroissance de l'activité industrielle.

Les décroissants objecteurs de croissance, pourtant, ne semblent pas perturbés par cet amoncellement de contradictions pour la bonne et simple raison qu'ils se dérobent à tout débat contradictoire susceptible de mettre ces antinomies sur la table, et se limitent à l'exercice d'une parole verticale et descendante sur un auditoire sélectionné par avance pour sa garantie d'assentiment.

> 73. **Question :** Mais n'y aurait-il donc, selon vous, vraiment aucun argument pour nous inciter à décroître tout de suite et maintenant ?

Réponse : Je ne dis pas qu'il n'existe pas d'arguments pour fonder un projet de décroissance volontaire, mais je pense que ces arguments relèvent d'un choix de vie qui n'a pas à être imposé à ceux qui souhaitent, au contraire, continuer la croissance ou pouvoir y accéder. Si une majorité réelle de citoyens se prononçait demain pour un tel projet, je serais le premier à m'en réjouir d'un point de vue conceptuel, mais je demanderais à être rassuré sur les méthodes de sa mise en œuvre. En fait, on en revient toujours à la question du délai chère à *Günther Anders*, qui déclarait : « *Nous ne vivons plus dans une époque mais dans un délai* ». A partir de cet hypothèse, de deux choses l'une : soit ce délai est très court, et alors l'urgence n'est pas de précipiter les choses, mais plutôt de chercher à savoir dès maintenant comment nous allons nous adapter au déclin ; soit ce délai semble lointain, et dans ce cas, la tentation est grande de mettre en place quelque chose pour le repousser encore plus loin. Et c'est précisément à cette dernière tentation que succombent les décroissants culturels/volontaires en nous expliquant qu'en décroissant tout de suite nous allons pouvoir maintenir durablement un état stationnaire à basse activité industrielle, rejoignant ainsi, sans s'en rendre compte, le concept tant décrié du *développement durable*.

Dans la lignée de ce raisonnement, je leur pose alors la question suivante : OK, nous allons décroître pour éviter l'effondrement (cf. le denier slogan du PPLD : *Face à l'effondrement, une solution : la Décroissance*), mais pour combien de temps ? Autrement dit, et de façon plus claire, je leur demande de bien vouloir nous préciser la durée de vie de leur système décroissant : 50 ans, 100 ans ou 1000 ans ? Cette question fait partie de ce qu'ils nomment les *objections pénibles* et qu'ils évitent se voir poser en procédant au choix scrupuleux de leurs contradicteurs.

Mais le plus facile est encore de balayer toutes ces pinailleries en sortant l'atout maître du réchauffement climatique et de l'intérêt général de la race humaine. Vu sous cet angle, la décroissance volontaire et immédiate s'impose comme un absolu et seule solution pour éviter le chaos. Dès lors, plus de débat possible car l'impérieuse nécessité du consensus équivaut à la survie de la race humaine. Les conséquences de cette option sont comparables à celles que j'ai déjà décrit plus haut, à savoir que, en raisonnant de la sorte, les décroissants volontaires s'assimilent de fait aux promoteurs du capitalisme vert (green business), ceux-la même qui vendent la poursuite de la croissance contre la capture du CO_2 dans des tuyaux en fer blanc. Ainsi, tout en espérant trouver de nouveaux militants dans les cortèges des innombrables marches pour le climat, ils rejoignent à nouveau les bataillons nourris du développement durable. S'en rendent-ils bien compte ? Je pense naturellement que oui, car ils ne sont tout de même pas aveugles, mais il semble bien que l'appât du gain en terme d'audience et d'acquisition de militantèle soit trop fort pour qu'ils puissent y résister.

Dans ces conditions, nous pouvons tous constater que la lame de fond du réchauffement les emporte corps et biens, balayant tout sur son passage, tant la loi de l'entropie que la dégradation des sols arables, à tel point qu'il n'est même plus nécessaire de les évoquer dans un catéchisme vendu d'avance. Le revers de la médaille c'est que, si le discours climatique évite les raisonnements pénibles en réduisant la solution de tous les problèmes à la lutte contre le gaz carbonique, il réconcilie le capitalisme avec l'écologie moyennant quelques ajustements COPistes.

Et c'est ainsi que nos décroissants culturels/volontaires rejoignent les bobos de tous âges persuadés que le système capitaliste croissanciste peut perdurer grâce à une transition écologique rondement menée, façon Nicolas Hulot par exemple.

74. **Question :** Pourtant si la lutte contre le CO_2 se mondialisait réellement, n'assisterions-nous pas alors à un début de décroissance volontaire de tous les peuples ?

Réponse : Pas du tout ! En premier lieu, il faut bien comprendre que *lutte contre le CO_2* signifie en réalité *lutte contre les émissions de CO_2 dans l'atmosphère*, ce qui veut dire au final que l'on peut produire du CO_2 autant que l'on veut pourvu qu'on ne l'envoie pas dans l'atmosphère, et qu'on puisse le capturer par des dispositifs ad hoc (en le confinant dans des sites de stockage souterrains, par exemple). Ces techniques de géo-ingénierie font partie des stratégies favorites de l'ADEME (Agence de l'environnement et de la maîtrise de l'énergie) qui finance notamment la société capitaliste de lutte conte le gaz carbonique *Carbone 4* dont le PDG est Jean-Marc Jancovici, éminence grise de Nicolas Hulot et membre du Haut Conseil pour le Climat. Tout ce petit monde, en France et ailleurs avec ses amis, travaille activement avec l'argent du contribuable pour faire en sorte que le système capitaliste croissanciste puisse *perdurer durablement* sans gêner le climat. Car c'est bien de cela qu'il s'agit dans les marches anti-réchauffement, et pas du tout d'une volonté de retour à une économie médiévale, et encore moins au mode chasseur-pêcheur-cueilleur, qui constitue pourtant jusqu'à aujourd'hui, le seul système économique durable connu et vérifié. Voila pour ce qui est de la mondialisation de l'inquiétude climatique dans les pays de l'OCDE.

Pour les autres, c'est à dire les pays émergents et le tiers-monde, il est évident qu'ils ont d'autres chats à fouetter que de s'occuper du gaz carbonique, leur objectif essentiel étant de rejoindre notre niveau de vie et de profiter des joies du consumérisme procuré par la croissance de leur PIB. Les décroissants culturels/volontaires (objecteurs de croissance) se bercent d'illusion en pensant qu'ils vont pouvoir convaincre les pays pauvres de ne pas chercher à rejoindre le niveau de développement des pays riches, en leur disant tout simplement : *ne faites pas comme nous, ne vous enrichissez parce que nous nous sommes aperçus que c'était mauvais pour le climat* ! Et, en ajoutant pourquoi pas : *nous autres, nous voudrions bien décroître, mais nos gouvernements nous en empêchent, alors, vous autres de votre côté, restez bien sagement pauvres, ce sera toujours autant de CO_2 économisé.*

75. **Question :** Depuis ces dernières années avez-vous constaté une évolution des mesures politiques proposées par les décroissants volontaires pour transformer notre société croissante en société décroissante ?

Réponse : La seule véritable nouveauté est l'apparition de l'écosocialisme, enfanté dans les coulisses de la *France Insoumise* avec l'objectif de siphonner le reliquat d'objecteurs de croissance n'ayant pas encore rallié les effondristes. Cet objectif purement politique induit le fait qu'il ne faut pas chercher dans ce programme autre chose que des concepts généraux et mal définis, susceptibles d'être interprétés dans un sens ou dans l'autre en fonction des besoins ponctuels de la propagande politicienne. C'est ainsi que nous avons pu entendre le tribun Mélenchon répondre à une question publique du style : *pensez-vous que la décroissance est nécessaire ?*, par une réponse du genre : *euh, oui... dans un certain sens, mais il va falloir décroître dans* *certains domaines et pas dans d'autres ; nous devons réfléchir à tout cela..* Voila donc pour la nouveauté.

Une variante originale existe toutefois en marge de ce dogme mou, celle de l'*écosocialisme autogestionnaire* développé par Thierry Brugvin, notamment dans le livre collectif *Six chemins pour une décroissance solidaire*. Ce sociologue politique nous livre une approche transversale intéressante reliant l'objection de croissance, l'effondrisme et la démocratie, basée sur quatre piliers : 1/une révolution culturelle opposée au productivisme, 2/une généralisation de l'autogestion des entreprises, 3/une régulation de l'économie et du marché et 4/un encadrement des revenus. Si on y retrouve bien sûr, les inévitables rengaines décroissantes de l'anti-productivisme et de la limitation autoritaire des revenus, auxquelles je ne souscris pas, l'apport de *l'autogestion entrepreneuriale* me paraît, en revanche, particulièrement intéressant. La classification proposée de la conduite de l'économie en trois secteurs : 1/les entreprises nationales, 2/les coopératives autogérées et 3/les travailleurs indépendants, ainsi qu'une réglementation fiscale basée plus sur les incitations que sur les taxations vaudrait certainement la peine qu'on s'y attarde et qu'on creuse un peu plus en profondeur la question.

Mis à part cette option, tout le reste pêche par la double contradiction endémique d'une critique frontale du capitalisme proposée sans alternative systémique, associée à des mesures qui dépendent paradoxalement de la pérennité de son existence.

Pour illustrer parfaitement la première contradiction, il suffit de se reporter au récent *appel à une convergence antiproductiviste (comprenez anticapitaliste)*, lancé début 2018 par une dizaine de leaders de l'objection de croissance en perdition, qui réussit la performance de proposer, dans sa déclaration d'intention, rien moins qu'une rupture avec le capitalisme sans donner le moindre début de piste pour y parvenir.

Par ailleurs, la récente conversion des objecteurs de croissance à la climatologie renforce encore un peu plus la discordance entre un catalogue de mesures coûteuses ne pouvant être financées que par celui qu'on fustige. L'exemple le plus frappant est ce fameux revenu de base (ou dotation inconditionnelle) dont le coût proche de 1.000 milliards d'euros ne pourrait être abondé que par les marges excédentaires d'un capitalisme florissant et certainement pas les non-marges des entreprises d'une société décroissante à basse énergie.

Je terminerai ce réquisitoire en rappelant que je cherche toujours le lien étroit et direct qui existe entre une politique de *décroissance imposée*, telle que la réclament les objecteurs de croissance, et l'instauration d'une *dotation financière inconditionnelle* pour tous, de la naissance à la mort, voulue également par ces derniers. Je n'ai, pour l'instant, reçu aucune réponse à cette question, hormis des arguments de nature sursocialisante et témoignant plus d'un *ancrage à gauche* revendiqué et indéfectible, que d'une quelconque logique de décroissance économique liée à la raréfaction des ressources naturelles finies. De là à imaginer que le thème de la décroissance ne constituerait, pour ces gens-là, qu'un prétexte permettant d'installer un système d'assistanat et de réglementation sursocialisantes, il n'y qu'un pas que je serais assez tenté de franchir. Toute leur politique pourrait alors être ramenée à une simple démarche classiquement réformiste consistant à conserver et utiliser le capitalisme pour l'obliger à financer les systèmes de garanties et de gratuités souhaités, démarche qui fut, sans discontinuer, celle des partis de gauche depuis leur rupture avec le bolchevisme.

> 76. **Question :** Où situez-vous aujourd'hui les *écologistes traditionnels*, ceux que vous appelez les *agnostiques inquiets*, au sein de ce maelstrom idéologique ?

Réponse : Cette appellation que j'ai proposée d'un point de vue chronologique, est aujourd'hui périmée car ils ne sont plus du tout inquiets, mais définitivement rassérénés après avoir rejoint les rangs des adorateurs de la croissance par le biais de l'application d'un peu de peinture verte sur leurs pancartes militantes. Au niveau de la politique politicienne, ils sont toujours essentiellement représentés par le parti EELV (Europe écologie-Les verts) et soutenus en filigrane par les écolonucléaristes Hulot, Jancovici et Grandjean, pour ne citer que les plus médiatisés. Quant aux militants de base, leur activité se réduit à marcher aussi souvent que possible pour le climat, en scandant des slogans appelant les gouvernants à *prendre leurs responsabilités,* ce qui signifie, en termes clairs, accélérer la *transition écologique* dont l'objectif essentiel est de faire diminuer les émissions de CO_2 dans l'atmosphère.

Or les gouvernants, qui sont les représentants patentés de ceux que je nomme les adorateurs de la croissance, n'ont rien contre cette transition écologique, dont ils sont d'ailleurs les co-auteurs et co-promoteurs. Leur motivation essentielle est naturellement le profit, celui là-même généré par les activités de l'industrie verte dont les écologistes politiques sont, par ailleurs, les meilleurs VRPs (vous me suivez ?). Dans cette affaire de climat - devenue la seule ligne de mire de l'écologie officielle – capitalistes, croissancistes et partis verts marchent main dans la main au niveau des états-majors, de la même façon qu'adorateurs de la croissance et agnostiques inquiets se confondent au niveau des citoyens de base.

Ainsi, par la vertu de la science climatologique, les écolos politiques sont devenus de fervents adorateurs de la croissance et ont été définitivement débarrassés de leur angoisse existentielle. Le concept de *développement durable* a même été supplanté par celui de *croissance verte*, locution qui présente le double avantage de comporter en son sein le mot croissance et d'être porteuse de réconciliation sociale entre deux catégories qui auraient pu naguère éviter l'affrontement stérile si elles avaient compris plus tôt qu'un intérêt financier bien partagé vaut mieux qu'une divergence idéologique stérile.

Au niveau opérationnel, la grande trouvaille c'est, bien entendu, le concept de *transition écologique* qui permet le développement d'un *capitalisme-bis* dont l'argumentaire commercial est fondé sur un discours environnemental aspirant à l'*incontestabilité*. Plus encore que l'incontestabilité, ce discours postule même à la *reconnaissance d'intérêt général*, et même, pourquoi pas, à la criminalisation de sa contestation. Cette pénalisation avait d'ailleurs été envisagée en son temps par l'ex-ministre de l'écologie Cécile Duflot, qui ira plus tard pantoufler au sein de l'ONG Oxfam. C'est ainsi que le colossal business de la transition écologique permet d'alimenter la croissance du PIB, au nez et la barbe des bio-économistes - dont je suis fier de faire partie - qui y opposent en vain - et dans le désert médiatique - les effets inéluctables des lois de la thermodynamique et de celle de l'entropie.

Les écolos traditionnels ne se sont donc jamais aussi bien portés, que ce soit François de Rugy ex-président de l'Assemblée Nationale, ou Nicolas Hulot, ministre intermittent mais millionnaire permanent (7,2 M€ en 2017). Bref, la transition écologique c'est encore plus de croissance, et surtout pour ces écologistes-là.

En 2018, un phénomène social est venu souligner encore un peu plus la collusion de fait entre les capitaliste croissancistes et les écologistes politiques : la crise des *Gilets Jaunes*. Ce mouvement populaire et spontané, amorcé en dehors de tout encadrement politicien, était issu d'un profond malaise des catégories à faible revenu face à la dégradation permanente de leur pouvoir d'achat dans la société croissanciste. L'une des caractéristiques les plus symptomatiques de ce phénomène était que ces citoyens, à qui l'oligarchie gouvernante avait vendu la croissance depuis des dizaines d'années en tant que remède et solution à leur paupérisation, s'étaient mis, contre toute attente, à ne plus croire en la vertu de cet outil dont ils constataient concrètement jour après jour l'inefficacité à leur fournir un revenu décent. Largement déçus par la théorie du ruissellement prêchant que l'enrichissement des riches favorise celui des pauvres, telles des retombées radioactives autour du cœur d'un réacteur nucléaire irradiant tout sur leur passage, ils avaient acquis, bien au contraire, le sentiment que plus il y avait de croissance et de technologie, plus ils perdaient de pouvoir d'achat.

Vous allez certainement me demander : mais quel rapport avec les écolos politique ? J'y viens et écoutez donc la petite fable suivante :

> En temps-là il y avait, parallèlement aux actions hebdomadaires des *gilets-jaunes-à-faibles-revenus*, les sempiternelles marches pour le climat des *bobos-écolos-bien-nourris*.

Or l'une des causes principales de la révolte des *gilets-jaunes-à-bas-revenus* était l'augmentation de la taxe sur l'essence, renchérissant très sensiblement le prix du carburant nécessaire pour que ces derniers poussés hors des centres villes par la spéculation immobilière des *bobos-écolos-bien-nourris*, puissent se rendre à leur *travail-faible-revenu* en automobile, moyen de déplacement auquel ils étaient contraints à cause du refus d'instaurer des transports en commun péri-urbains par les *édiles-bobos-riches* des localités concernées (souvent d'ailleurs également *bobos-écolos-politiques*).

Or, de plus, cette fameuse TICPE (taxe intérieure de consommation sur les produits énergétiques) source de la révolte des *gilets-jaunes-bas-revenus* était précisément la taxe fétiche des *écolos-bobos-croissancistes* (« *In tax we trust* », slogan de Messieurs Jean-Marc Jancovici, Alain Grandjean, et Nicolas Hulot répété dans chacun de leurs livres) qui venaient de découvrir le filon magique du financement de leur *capitalisme-bis-vert* via les ponctions fiscales sur les *gilets-jaunes-bas-revenus*.

Ainsi cette taxe, source de la révolte populaire, constituait en réalité le financement privilégié pour le besoin en fonds de roulement des capitalistes verts.

Cette petite fable – qui, en réalité, n'est est pas une, vous l'avez bien compris - démontre que les écologistes politiques, dans cette affaire, sont clairement les alliés du grand capital pour ce qui est de s'enrichir sur le dos du peuple.

Je terminerai ce panorama en vous livrant l'extrait d'un texte signé *Vincent Cheynet & Bruno Clémentin* (patrons du journal *La Décroissance*), qui aurait pu avoir sa place dans mon ouvrage l'*Imposture écologiste*, s'il avait été écrit plus tôt : *Les véritables écologistes* (comprenez qui vous voulez) *se trouvent engagés non pas seulement à s'affronter au système productiviste, mais d'abord à dénoncer ceux qui prétendent parler en leur nom dans l'espace médiatique et qui ne sont en fait que les agents les plus spécieux du système* (comprenez EELV).

77. **Question :** Vous définissez-vous toujours aujourd'hui comme *athée constructiviste* et *résilient politique*, compte tenu de l'évolution récente de la situation politique ?

Réponse : Fermement oui, et au contraire de la plupart des autres dits-décroissants qui, comme nous le voyons tous les jours naviguent à vue et surfent sur les concepts à la mode. Les principes que je porte avec d'autres, notamment par la voix du *Parti Pour l'Après Croissance (PPAC),* n'ont pas varié d'un pouce. Je dirais même qu'ils se sont renforcés au fur et à mesure que les divers mouvements dits de la décroissance se sont éparpillés. La raison principale de cette constance réside dans le fait que notre objectif n'est pas l'acquisition de clientèle et la visibilité médiatique, mais la recherche permanente d'une argumentation solide et résistante à toutes les contradictions. J'ai souvent évoqué ici la difficulté à trouver un interlocuteur qui accepte de débattre de sa propre vision de la décroissance avec nous, la plupart préférant discourir dans un cénacle sélectionné par avance pour sa disposition à écouter et approuver. J'ai également parlé de la stratégie marketing qui consiste à éliminer certains points de son discours lorsqu'on se rend compte qu'ils ne plaisent pas à l'auditoire et à en rajouter lorsqu'ils paraissent plus séduisants. Cette technique n'est pas la nôtre, car seuls des contre-arguments construits et convaincants ont pu, à certains moments, nous amener à modifier certains éléments particuliers de notre programme, sans qu'il soit besoin d'en rectifier les principes de base.

Le premier principe, implicitement contenu dans le terme athée, est celui de la *non-croyance définitive* en la croissance. Toutefois une telle affirmation ne suffit pas en soi, et ressemble à celle de beaucoup d'autres décroissants, si nous ne prenons pas la peine d'expliciter sa signification profonde. Il convient, en premier lieu, de préciser que le terme de *non-croyance* indique que notre opposition au dogme de la croissance n'a rien de religieux, autrement dit que nous n'opposons à un dogme religieux (celui de la croissance) un autre dogme religieux (celui de la décroissance). Cette précision semble une évidence, pourtant elle ne l'est pas dans la mesure où nombre de positions décroissantes procède elles-aussi de convictions de nature religieuse (le *catastrophisme climatique*, par exemple) parfois maquillées en postures culturelles (le *dogme anti-progrès*, par exemple).

Ce recours à la religion n'est pas nouveau car nous savons grâce à Ivan Illich que, dans notre société industrielle, *les scientifiques ont (définitivement) remplacé les prêtres*. Les adeptes de la croissance sont les principaux paroissiens de cette nouvelle croyance, toute entière fondée sur un catalogue de mythes modernes que Nicholas Georgescu Roegen a parfaitement énumérés dans son ouvrage *Energy and economic myths*, tels que 1/le mythe du mouvement perpétuel de première espèce, (c'est à dire croire qu'on peut mouvoir les choses sans consommer d'énergie), 2/le mythe du mouvement perpétuel de deuxième espèce, (c'est-à-dire croire qu'on peut utiliser la même énergie continuellement), 3/le mythe de l'homme réussissant toujours à trouver de nouvelles sources d'énergie et de nouveaux moyens de les asservir à son profit - résumé par la sentence populaire : *Quoi qu'il advienne, nous (ils) trouverons(t) bien (toujours) quelque chose* - , ou encore, 4/le mythe de la possibilité d'une activité industrielle libre de toute pollution.

Ainsi, nous voyons bien que, tels les indiens *Bororos* étudiés par Claude Levi-Strauss, le croissanciste moderne *est agi* par des mythes qui constituent chacun autant d'unités structurantes (*mythèmes*) de sa pensée.

A l'opposé, notre non-croyance en la croissance n'est pas basée sur des mythes, mais sur la constatation de lois physiques. Bien plus, ces connaissances n'étant pas appelées à varier dans le temps à échelle humaine compte tenu de leur caractère scientifiquement prouvé et non contesté à ce jour, cette posture acquiert un caractère *définitif*. Une restriction doit cependant être apportée pour ce qui concerne l'emploi du terme non-croyance (en la croissance) qui n'est utilisée ici que pour l'intérêt de sa mise en perspective avec celui de croyance (en la croissance). Cet intérêt est plus polémique que sémantique, dans la mesure où le terme de *conviction de la décroissance* serait plus exactement descriptif de notre position que celui de *non-croyance en la croissance*. Le terme *définitif*, par contre, est non négociable car il témoigne d'une invariance de notre conclusion. Sur ce point précis, on me demande souvent quel élément serait susceptible de contredire le pronostic bio-économique de décroissance inéluctable du processus industriel. Ma réponse est qu'à ce jour, il n'existe aucune élément scientifique pouvant apporter la preuve que la deuxième loi de la thermodynamique et le principe entropique de dégradation irrémédiable de l'énergie ne s'appliquent pas dans toute leur rigueur au processus économique, conduisant de fait celui-ci à l'extinction à terme.

Si nous ajoutons à ce raisonnement la quatrième loi de la thermodynamique, suggérée par Roegen, qui met en évidence la dégradation de la matière dans le process industriel conjointement à celle de l'énergie, et si nous considérons, enfin, le fait non contestable que notre environnement n'échange pas de matière avec le cosmos, il en résulte bien que le mécanisme de la décroissance ne peut être contredit.

J'en viens maintenant à l'appellation de *résilient politique*. L'association de ces deux termes peut surprendre, la résilience relevant généralement de l'activité économique ou technique, mais pas de l'activité politique. En réalité, si l'on considère que la résilience désigne la capacité d'un organisme à retrouver ses propriétés initiales après une altération, ce concept peut fort bien s'appliquer à la politique et je vais m'en expliquer. Mais auparavant, il convient de bien comprendre que, dans cette affaire, politique et économie sont intimement liées. La croissance, en effet, n'a pu s'installer, dans le monde occidental, qu'après les grands bouleversements politiques du début du dix neuvième siècle qui ont permis de construire un cadre juridique indispensable à son fonctionnement et à son essor. Ce cadre juridique, différent de celui l'ancien régime en ce sens qu'il ne limitait plus l'activité de la nouvelle classe récemment apparue (les marchands), n'a pu être installé par une prise en main politique totale de ceux qui y avaient précisément intérêt, c'est à dire ces mêmes marchands.

Il convient de s'arrêter un instant sur cet épisode historique car il fut porteur de deux altérations simultanées : celle de la trajectoire économique et celle de la trajectoire politique humaines. Pour ce qui concerne l'économie, l'altération se matérialisa par le projet affirmé d'installer un système basé sur la prédation intensive et illimitée des ressources naturelles finies de la planète en lieu et place d'un système basé sur les ressources renouvelables. Pour ce qui concerne la politique, l'altération se matérialisa par le détournement des aspirations démocratiques du peuple et l'instauration d'un système oligocratique réservant l'exercice du pouvoir à un nombre restreint de personnes.

Des esprits chagrins ne manqueront de m'objecter que la prédation des ressources naturelles finies avait déjà commencé bien avant le début du dix neuvième siècle, mais je leur répondrais qu'il faut raisonner en termes d'ordre de grandeur et pas de nombre absolu. Pour s'en convaincre, il suffit en effet de consulter la courbe de consommation des ressources naturelles finies depuis 10.000 ans et de constater que cette dernière est quasiment horizontale et infinitésimale pendant 9.800 ans pour se cabrer ensuite de façon asymptotique à partir de cette époque. Il en résulte que si la prédation des ressources naturelles finies avait continué au rythme qui était celui des 9.800 ans précédents, nous n'aurions pas eu la croissance, et, a fortiori, nous ne parlerions pas aujourd'hui de la décroissance.

A mon sens, le travail de résilience doit donc se situer aux deux niveaux, économique et politique. L'objectif économique concerne la récupération des propriétés permettant le fonctionnement d'un système de production n'utilisant que les *ressources renouvelables*. L'objectif politique concerne la récupération des propriétés citoyennes nécessaires pour l'instauration une vraie démocratie, c'est dire du *pouvoir citoyen*.

> 78. **Question :** Etes-vous bien sûr que le pronostic de décroissance économique inéluctable ne puisse pas être contredit, comme vous l'affirmez ?

Réponse : Il ne pourrait l'être que par une évolution du savoir-faire humain consistant à pouvoir utiliser de l'énergie inépuisable à l'aide d'un dispositif technique composé uniquement de matière renouvelable et combiner cette énergie avec des métaux fabriqués à partir de cette même énergie inépuisable. A cette condition, et seulement à cette condition, nous disposerions d'un système industriel durable. Curieusement ce système ainsi décrit ne fait pas partie des mythes fondateurs des croissancistes, sans doute pour la simple raison qu'ils ne le connaissent pas, au contraire de Roegen qui l'évoque en tant que fondement possible d'une croissance durable, sans toutefois le classer dans ses mythes économiques, sans doute pour la simple raison qu'il le considère comme relevant plus précisément de la magie pure.

Magie, mythe ou réalité possible ? Je prendrai toutefois la peine, si vous me le permettez, d'étudier un peu plus en détail cette hypothèse. Commençons par le problème de l'énergie inépuisable. Je dis bien inépuisable et non pas renouvelable, car le caractère renouvelable est par définition limitatif de la croissance qui ne peut s'exprimer qu'autant que la ressource veuille bien se renouveler et dans la borne stricte de son taux de renouvellement. On préférera donc une ressource inépuisable, c'est à dire dans laquelle on puisse *taper* allègrement sans avoir à se soucier de la quantité déjà prélevée, ni de la fréquence des ponctions effectuées. Eh bien, cette source d'énergie existe réellement : c'est le *soleil*, toujours disponible et à satiété. Voici donc le premier problème résolu, mais il en reste deux autres : 1/comment capturer l'énergie solaire et 2/comment créer des métaux.

Commençons par la deuxième question (la création des métaux) puisque les fondements de la première (la capture de l'énergie solaire) dépendent en grande partie de la réponse qui y sera apportée. La question des métaux est en effet essentielle puisque le processus industriel n'est rien d'autre que la mise en œuvre du couple énergie/matière (matière = métaux = minerais), au sein duquel les deux éléments constitutifs sont indispensables l'un à l'autre, l'un des deux ne pouvant à lui seul générer un processus de production industrielle. En effet, disposer d'énergie sans disposer de matière nous conduirait à une vie végétative, de même que disposer de matière sans disposer d'énergie nous conduirait à travailler la matière avec notre seule force physique, c'est à dire revenir à l'âge de pierre.

Dans l'esprit commun, et notamment croissanciste, cette question de la matière n'est pas ignorée, mais elle semble résolue par la technique du *recyclage*, dont la seule évocation possède généralement le pouvoir de clore tout débat putatif sur le sujet. Or si le recyclage en lui-même ne peut être stricto sensu classifié en tant que mythe, il n'en va pas de même pour son dérivé le *recyclage illimité* avec lequel il est très souvent amalgamé. Car la technologie du recyclage, outre qu'elle nécessite de disposer d'énergie abondante et bon marché (mais nous allons supposer ce problème réglé pour les besoins de notre hypothèse), génère aussi une diminution de la masse globale de la matière recyclée entre l'entrée et la sortie du processus, liée à la dissipation d'une partie devenue irrémédiablement irrécupérable. Ainsi, à chaque étape de l'utilisation, et de la réutilisation de la matière, sa masse globale diminue inexorablement et tend, au final, à disparaître complètement.

De ce fait, si les métaux/minerais sont voués à se désintégrer au fur et à mesure de leur passage dans le processus industriel, la seule solution durable est de pouvoir en fabriquer de nouveaux avec ce dont nous disposons en quantité illimitée, c'est à dire de l'énergie solaire. Résumé en termes clairs, l'objectif est donc bien de créer de la matière à partir de l'énergie solaire.

Reste le problème de la capture de l'énergie solaire car celle-ci arrive sur le sol terrestre de façon très dispersée et fort peu concentrée, au contraire de la formidable concentration en énergie brute contenue dans les hydrocarbures et facilement libérable en craquant une simple allumette. En revanche, pour pouvoir concentrer le rayonnement solaire et le transformer en énergie facilement utilisable - en électricité par exemple - il faut un dispositif de captage. Ce dispositif peut être de nature thermique ou photovoltaïque, mais quel que soit le type choisi, de nombreux métaux seront nécessaires pour sa fabrication et son utilisation, sans oublier ceux indispensables au stockage et au transport de l'électricité. Donc sans métaux, il n'y a pas d'utilisation possible de l'énergie solaire dans ce domaine car il est clair qu'on ne peut pas fabriquer de capteurs et ni transporter de l'électricité avec uniquement de simples ressources renouvelables, comme la biomasse par exemple.

Nous en revenons donc au point de départ, c'est à dire à la problématique de l'acquisition de métaux nouveaux et aux techniques de création de matière à partir de l'énergie que je viens d'évoquer (type accélérateur de particules, par exemple). Je ne me risquerai pas ici à classer ces projets dans la catégorie des mythes, des rêves éveillés ou des miracles, mais je me contenterai de constater factuellement que leur avancement est plus qu'embryonnaire et que leur maîtrise n'est pas prête d'être effective, si tant est qu'elle puisse l'être un jour et dans des conditions de rentabilité acceptables.

79. **Question :** Mais pourquoi vous opposez-vous à des actions comme la lutte pour la diminution des

émissions de gaz carbonique ou la réduction volontaire et immédiate de la production industrielle, alors que vous annoncez leur survenue pour bientôt ?

Réponse : Attention aux confusions ! Je ne m'oppose pas, dans le cadre d'un militantisme prosélyte par exemple, aux actions que vous indiquez. Mais il faut clarifier les choses. Je considère que le combat pour une réduction volontaire de la voilure économique est perdu d'avance, surtout s'il ne prend sa racine que dans les pays riches et développés comme c'est le cas actuellement. Tous ceux qui pensent qu'il est possible de rassembler une majorité d'individus au niveau mondial sur la base de ce projet se trompent. Ils se trompent également s'ils croient qu'une majorité est possible dans un nombre limité de pays développés. Et même dans le cas où une majorité serait réunie au sein des pays de l'OCDE, les mesures de ralentissement volontaire prises dans ces pays ne feraient que laisser disponible une quantité plus grande de ressources naturelles finies à utiliser par les pays émergents (dont les BRICS). Il est surprenant que la plupart des décroissants volontaires ne se rendent pas compte de cette évidence, mais j'ai déjà indiqué que leur objectif essentiel était de séduire et fideliser leurs adeptes, par la seule vertu du discours, en nombre et influence suffisante pour leur conférer la visibilité et la notoriété médiatique à laquelle ils aspirent. Ceux qui cherchent à occuper ce *créneau de la décroissance*, font en réalité peu de cas du fondement factuel de leur propagande, privilégiant plutôt l'émotion et la ferveur politicienne, à la rigueur et à l'exposé des lois de la thermodynamique.

J'irais même jusqu'à dire qu'il y a une certaine malhonnêteté intellectuelle, de leur part, à proposer un changement dans lequel ils savent que personne n'est disposé à s'engager réellement, mais pour lequel ils pressentent que beaucoup nourrissent le fantasme. Car il s'agit bien d'un fantasme, voire même d'une schizophrénie alimentée par ce *double bind,* cher à Gregory Bateson, qui soumet le sympathisant de l'objection de croissance à deux injonctions contraires : celle de vouloir conserver son mode de vie tout en rêvant d'en changer les bases. Toutes les études actuelles montrent que l'immense majorité des gens veulent, par exemple, une planète plus verdoyante, mais qu'ils ne sont pas prêts à ne se déplacer qu'en vélo. Et ce ne sont pas les *petits gestes* de tel ou tel militant convaincu délaissant la ville pour s'adonner à la permaculture le temps d'une année ou deux, qui, même additionnés à d'autres similaires, peuvent contribuer à agréger la *masse critique* suffisante pour provoquer un basculement général des comportements de la collectivité mondiale.

De ce point de vue, les conférences, réunions et autres séminaires décroissants peuvent être considérés comme de simples *événements de loisir*, où les auditeurs viennent se faire plaisir, (voire se faire peur) et retournent ensuite à leur mode de vie industriel et leur emploi du temps professionnel régi par le capitalisme croissant, sitôt la grand-messe achevée. Cet aspect dérisoire de l'action individuelle de ces *décroissants nantis* (au sens de ressortissants de pays de l'OCDE par rapport au reste du monde) est même stigmatisé par certains courants internes, tels celui du journal suisse romand « *Moins !* », qui sous le titre « *Petits gestes, grandes arnaques* », écrit ceci : *L'agrégation des comportements vertueux est l'un des mantras du développement durable et des théories néolibérales selon lesquelles la société n'existe pas... c'est l'illusion de la toute-puissance de l'action individuelle ...elle réduit le niveau de complexité des responsabilités et obligations sociales .... concluant ainsi que les changements sociaux commencent dans les petites choses.*

Mais si ces alternatives individuelles clairsemées peuvent être considérées comme des *joyeusetés* sans danger pour le système capitaliste croissanciste et comme étant des manifestations folkloriques du point de vue de la réflexion économique sur la décroissance entropique, il n'en va pas de même pour ce qui est de l'ombre portée politique qui les accompagne souvent et se nomme : *la tentation totalitaire*. Car en effet, les objecteurs de croissance, au vu du peu de résultat de la stratégie des *petits-gestes-devant-amener-à-une-masse-critique*, sont régulièrement tentés de se tourner vers l'action politicienne pure et dure et rêvent souvent d'un parti qui pourrait imposer leurs vues par la force de la législation coercitive.

Ayant constaté par ailleurs, que ce raccourci entre l'expression du vœu populaire et le diktat des états majors ne pouvait être réalisé *que* par le système de la démocratie représentative (oligocratie), qui confie l'exercice du pouvoir à un groupe restreint de personnes, et pas par la vraie démocratie, qui, elle, confie l'exercice du pouvoir au plus grand nombre, ils optent naturellement pour le maintien du système oligocratique en place car lui seul permettrait d'imposer rapidement au peuple les décisions souhaitées par leur groupuscule.

C'est ainsi que le pape de l'objection de croissance, Serge Latouche, n'a de cesse dans ses différents livres, de fustiger la démocratie directe comme étant possiblement porteuse de décisions non-conformes à l'intérêt général (comprenez celui des objecteurs de croissance). Voici donc lancé l'atout maître : celui de *l'intérêt général*, dieu suprême qui dispense de toute concertation et de toute consultation populaire, car étant de nature immanente et non discutable. On comprend mieux dès lors cet engouement pour la climatologie réchauffiste, doxa bénéficiant de l'adoubement d'un organisme onusien (le GIEC) qui, précisément, se revendique de l'intérêt général et leur permet ainsi de balayer l'expression démocratique au profit d'un dogme expertocratique.

> 80. **Question :** Pourquoi prétendez-vous qu'une politique de décroissance véritable ne peut pas être menée dans le cadre des institutions actuelles ?

Réponse : Cette question me permet de laisser de côté pour l'instant la critique pour passer à un discours plus constructif et propositionnel. Tout d'abord, il faut bien se mettre d'accord sur la signification de l'expression : *politique de décroissance*. Il ne s'agit pas pour nous, vous l'avez bien compris, de proposer un programme pour changer le mode actuel de conduite de l'économie car cette posture, que je viens de décrire abondamment, est celle des objecteurs de croissance et décroissants culturels/volontaires. Je dis souvent que la raison pour laquelle nous ne proposons pas de programme de décroissance est que *cela ne sert à rien* compte tenu de la toute-puissance actuelle de la religion croissanciste, mais cette affirmation quelque peu lapidaire mérite d'être développée.

Le premier développement de la formule « *cela ne sert à rien* » peut s'illustrer par la phrase d'Albert Einstein : « *on ne résout pas un problème avec le mode de pensée qui l'a créé* ». Dans l'hypothèse qui nous occupe le problème est manifestement la croissance, elle-même créée par le mode de pensée politique de l'oligocratie. Ce problème ne pourra donc être traité, et quelle que soit la façon dont on envisag de le faire, qu'en ayant auparavant modifié notre système de gestion politique, c'est à dire remplacé l'oligocratie (dénommée plus pudiquement démocratie représentative) par un autre système, sans que nous soyons en mesure, à ce stade du raisonnement de déterminer avec certitude celui qui conviendrait le mieux. Donc, il ne sert à rien de proposer un programme politique constitué de mesures concrètes sans avoir auparavant proposé une modification institutionnelle globale. Ceci est un premier point d'importance.

Le deuxième point concerne tout simplement le critère de faisabilité des choses. En effet, à partir du moment où il est avéré qu'une majorité de citoyens, s'exprimant démocratiquement, ne souhaite pas ralentir la progression du PIB, ni renoncer à l'augmentation de ses propres revenus financiers, ni se détourner des avancées technologiques pour l'utilisation des instruments de sa vie quotidienne, il n'est pas d'autre utilité de prôner qu'ils le fassent, que celle de se faire plaisir en le prônant. Il est, par ailleurs, symptomatique que les décroissants volontaires n'avancent jamais l'idée d'une consultation populaire par référendum sur le sujet, et ceci pour la raison probable qu'ils savent très bien par avance quel en serait le résultat. Cette évidence constitue une deuxième raison pour ne pas proposer de programme de décroissance.

En réalité, ma réponse à cette question serait plutôt : « *oui, on peut craindre qu'une politique de décroissance soit menée dans le cadre des institutions actuelles, pas par nous naturellement, mais par une minorité totalitaire qui utiliserait les possibilités du système représentatif pour imposer au plus grand nombre ses volontés particulières* ». Nous avons déjà un avant-goût de cette éventualité avec le *programme de planification écologique* du parti *La France Insoumise* qui pourrait fort bien être imposé au peuple tout entier à la suite d'une victoire électorale, c'est à dire avec l'agrément de moins de 15% des électeurs dans le cadre du mode de scrutin actuel.

81. **Question :** Mais à force de vous entendre dire que rien n'est possible, on a du mal à percevoir votre stratégie réelle. Quelle mission vous assignez-vous, au final ?

Réponse : Mission est un bien grand mot, mais voyons cela d'un peu plus près ! Relativement au concept de décroissance, le fondement de ma pensée est que la décroissance ne pourra survenir que dans le cadre d'une contrainte imposée par la nature. Une première conséquence de cette hypothèse est que la décroissance ne peut et ne doit pas être imposée par une construction juridique ou culturelle humaine. La deuxième conséquence est que, accessoirement, la décroissance ne surviendra pas si les contraintes naturelles sont surmontées (peu importe d'ailleurs par qui et comment).

A partir de cette hypothèse et de ses deux conséquences, il apparaît que tout programme de mesures concrètes ne peut être qu'un programme d'accompagnement de la décroissance économique inéluctable, mû par l'objectif de *construire un déclin,* ce qui constitue déjà une façon plus positive de présenter les choses. Ce programme, vous l'avez compris n'est pas pour tout de suite, mais il doit commencer à s'élaborer à partir d'une anticipation dont la base réaliste et crédible sera alimentée par les lois de la physique et de la bio-économie.

Mais alors, pressés par le démon de l'immédiateté, vous allez sans doute compléter la question initialement posée par celle-ci : « *que nous pouvons-nous faire tout de suite et maintenant qui soit d'une quelconque utilité pour nos concitoyens ?* » Je vous répondrai sans hésitation que la première chose et, de loin, la plus importante, c'est de *lancer l'alerte.* Une alerte sous la forme d'un raisonnement rationnel, logique et, en fin de compte, scientifique, dont l'objectif doit être double : 1/démontrer que le processus économique basé sur l'utilisation des ressources naturelles finies contient en lui-même l'inéluctabilité de son extinction, d'une part, et 2/laisser entrevoir que le trajet progressif vers un processus économique n'utilisant que des ressources naturelles renouvelables dans la limite de leur renouvellement est porteur d'énormes satisfactions et avantages, d'autre part. C'est donc, de ce point de vue, un rôle d'éducation populaire que nous devons nous assigner.

Ces deux composantes de notre alerte, contiennent naturellement des externalités négatives, ou pouvant être considérées comme telles, avec au premier chef l'interaction de deux problèmes fondamentaux : celui de l'alimentation et celui de la démographie. Cette double problématique, possiblement anxiogène, doit être étudiée et traitée sereinement et posément pendant le temps qui nous est imparti entre aujourd'hui et le début de la décroissance inéluctable. Il est clair que, pour nous, aucune parade n'existe à ce problème, du moins si nous attribuons au terme *parade* le sens de *solution* proprement dit. La seule piste possible consiste à imaginer la mise en place d'un accompagnement optimal du phénomène, toujours dans la perspective de la construction du déclin.

Parallèlement à ces actions d'éducation populaire qui se matérialisent déjà par l'organisation de conférences, la diffusion de vidéos didactiques/polémiques, et l'animation d'ateliers-débats, nous devons développer une action plus directement politique (mais non politicienne) concrétisée par l'élaboration d'une proposition de refonte complète des institutions. Cette démarche nous a amené à finaliser un projet de nouvelle constitution basé sur le principe du *pouvoir citoyen*. Cette nouvelle constitution répond à la condition énoncée précédemment impliquant que, si nous voulons gérer la décroissance, il faut préalablement se débarrasser du système politique qui a créé la croissance. Dit autrement, si nous considérons comme étant inévitable la faillite du système croissanciste (voir mon ouvrage *L'Impasse de la croissance*), il paraît évident de ne pas faire gérer cette faillite par ceux qui l'ont générée. Dans le cas contraire, ce serait comme si un tribunal de commerce (ici, le peuple) nommait un chef d'entreprise en faillite (ici, le système oligocratique) en tant qu'administrateur judiciaire de sa propre entreprise en proie à la déconfiture.

> 82. **Question :** Pourquoi pensez-vous que ce que dénommez le *pouvoir citoyen* soit la solution au problème de la décroissance ?

Réponse : Cette question me rappelle un débat avec Jean-Luc Pasquinet, le porte-parole des objecteurs de croissance de l'Ile-de-France, qui m'interpellait en disant : « *vous, vous voulez le pouvoir citoyen, nous, nous voulons la décroissance !..* » comme si, de fait, les deux concepts n'avaient rien à voir entre eux. Derrière ce raccourci, il faut plutôt comprendre : nous (les objecteurs de croissance), nous voulons que le système qui a créé la croissance fasse maintenant machine arrière et enclenche la décroissance et vous (les athées constructivistes résilients politiques), vous voulez autre chose qui n'a rien à voir avec tout cela et qui s'appelle le pouvoir citoyen. D'un certain point de vue, mon interlocuteur n'avait pas tort, dans le sens où il semble, de prime abord, que le pouvoir citoyen que nous prônons pourrait très bien être instauré dès maintenant, dans un système demeurant croissanciste par ailleurs. Mais, en réalité, cette vision des choses n'est qu'apparente et je vais m'en expliquer.

Auparavant, je tiens à rappeler notre rejet catégorique et définitif du terme *solution,* que nous n'utilisons jamais au contraire de nos détracteurs qui en abusent, probablement d'ailleurs dans la seule intention de décrédibiliser par avance nos propositions. De ce point de vue, le *Programme pour une société de l'après croissance*, fondé sur le système politique du pouvoir citoyen et élaboré par le Parti Pour l'Après Croissance (PPAC), ne saurait être présenté comme une *solution* à l'enjeu de la construction du déclin, mais comme une simple *piste* qu'il conviendra aux citoyens de suivre ou pas.

Il est vrai que la composante constitutionnelle de ce programme, pourrait très bien faire l'objet d'une application tout de suite et maintenant, sans attendre que la décroissance survienne. Point ne serait besoin, en théorie, de conditionner la temporalité de la promotion d'un changement radical et immédiat de système politique à la survenue effective de la décroissance, tant les carences, les incohérences et les injustices du système oligocratique actuel sont criantes. L'instauration du pouvoir citoyen, dont le détail du fonctionnement est décrit dans mon ouvrage *De la démocratie directe au pouvoir citoyen*, pourrait être imaginé dans le cadre d'un système perpétuant pour un temps son option croissanciste, dans le double but de transférer l'exercice du pouvoir législatif au peuple et d'installer un contrôle permanent de ce dernier sur les agissements de la fonction exécutive, sans que ce bouleversement des procédures de la vie politique préjuge pour autant des options opérationnelles qui seraient prises par la nouvelle organisation collective. Il pourrait d'ailleurs être intéressant de voir, dans le cas où ce système de pouvoir citoyen serait installé, si les propositions planificatrices suggérées par certains décroissants seraient adoptées par le nouveau dispositif politique, autrement dit si les programmes de décroissance volontaire pourraient être votés par l'ensemble des assemblées citoyennes. Dans cette hypothèse, j'applaudirais naturellement au choix opéré, pour la simple raison qu'il l'aurait été d'une façon démocratique.

Mais, comme vous l'avez bien compris, je ne crois guère à cette dernière hypothèse, et je pense que l'instauration du pouvoir citoyen ne serait, dans un premier temps, d'aucun effet sur les choix énergivores de nos concitoyens. Il aurait par contre l'avantage, nonobstant celui de mettre le citoyen au cœur de la décision politique (ce qui n'est pas le thème central de cet entretien), et, également, celui de rôder un dispositif politique adapté à l'impératif de résilience déjà évoqué précédemment.

Cela signifie en clair, et pour répondre plus précisément à la question, que le sytème du *pouvoir citoyen* n'est pas du tout *la solution* aux problèmes posés par le déclin, mais simplement le meilleur outil pour permettre d'avoir une chance de l'approcher. Par ailleurs le singulier me paraît particulièrement inadapté à l'enjeu et je pense qu'il convient de parler de *solutions plurielles* qui seront tout simplement concrétisées par l'ensemble des dispositions législatives et des mesures opérationnelles adoptées dans le cadre de la nouvelle infrastructure politique. Le *Programme pour une société de l'après croissance* constitue un exemple de corpus global, relevant conjointement du pouvoir législatif et de la fonction exécutive, mais il n'a pas vocation à être proposé dans le cadre d'une société n'ayant pas encore amorcée sa décroissance inéluctable (voir mon ouvrage *Vers une société de l'après croissance*). Je dois préciser également, et cela revêt une importance fondamentale, que ce programme n'a pas vocation non plus à être proposé dans le cadre d'une société n'ayant pas encore opérée sa mue vers le pouvoir citoyen. Cette mise au point me permet de balayer par avance toutes les assimilations et comparaisons pouvant être faites avec les programmes *concurrents* de diverses obédiences écologiques ou décroissantes.

J'insiste enfin sur le fait que ce programme a été conçu pour être débattu au sein de l'ensemble du réseau des agoras constituant l'infrastructure du pouvoir citoyen, puis finalisé et enfin voté (ou pas) par le peuple. C'est la raison pour laquelle il n'a pas véritablement sa place dans le concert politicien de telle ou telle élection oligocratique du système actuel.

© Christian Laurut

ISBN : 9798339407928
Edition : Débat Citoyen Villeurbanne 69100
Dépôt légal : septembre 2024
Marque éditoriale : Independently published

www.ingramcontent.com/pod-product-compliance
Lightning Source LLC
Chambersburg PA
CBHW052256220526
45471CB00001B/356